गुस्से का आयाम

गुस्सा करें कम, जिएं बेफिक्र हरदम

सूरज सिंह

(लेखक एवं शिक्षक)

(MAHN, MHD, M.SC., B.ED.)

ISBN:

Edition: 1st (JANUARY, 2025)
कॉपीराइट: सूरज सिंह

प्रकाशक एवं कंपोजर:

The Suraj Singh

Notionpress

Made with ❤ on the Notion Press Platform

www.notionpress.com

मुद्रक: Xpress Publishing

Title: GUSSE KA AAYAM
Author: SURAJ SINGH

Rate: 235.00

यह पुस्तक उन तमाम विद्यार्थियों को समर्पित,
जिनकी आँखों में ज्ञान की प्यास और हृदय में अनगिनत सवाल हैं।
उनके उज्ज्वल भविष्य और संतुलित जीवन की राह में,
मेरा यह प्रयास दीप बने, जो सदा उनकी राह रोशन करे।

विषय-सूची

१	भूमिका	Vii
२	प्रस्तावना	Xi
३	आभार	Xv
४	लेखक परिचय	Xvii
1	गुस्सा क्या है?	1
2	गुस्से के मूल कारण	11
3	गुस्से के प्रकार, प्रतिक्रिया और नुकसान	19
4	गुस्सा और शारीरिक परिवर्तन	33
5	अपमान का प्रभाव और उबरने का महत्व	39
6	गुस्से का व्यक्तित्व से सम्बन्ध	45
7	गुस्से का व्यावहारिक प्रबंधन	53
8	किशोरावस्था में गुस्सा और उसका प्रबंधन	67
9	व्यक्तिगत, पारिवारिक और व्यावहारिक जीवन में गुस्सा	75
10	गाली	91
11	डिजिटल दुनिया और गुस्सा	99
12	गुस्से का सांस्कृतिक, धार्मिक और दार्शनिक दृष्टिकोण	107
13	प्रेरणादायक कहानियां एवं संदर्भ	121

***

भूमिका

ब्रह्माण्ड का विस्तार असंख्य रहस्यों और अनंत संभावनाओं से भरा हुआ है। जब हम ब्रह्माण्ड की ओर दृष्टि डालते हैं, तो इसकी विशालता हमें विस्मय में डाल देती है। अरबों तारे, ग्रह, और आकाशगंगाएँ मिलकर इस अनंत विस्तार का निर्माण करते हैं। यह समझ पाना कठिन है कि हम, जो स्वयं को इतना महत्वपूर्ण मानते हैं, इस व्यापक ब्रह्माण्ड में कितना नगण्य स्थान रखते हैं।

ब्रह्माण्ड का आरंभ नेबुला (Nebula) जैसे विशाल गैसीय बादलों से होता है, जहाँ तारों का जन्म होता है। ये नेबुला आकाशगंगाओं (galaxies) का हिस्सा हैं, और प्रत्येक आकाशगंगा में असंख्य तारे, ग्रह, और तारामंडल (constellations) होते हैं। इनमें से एक है हमारा सौर मंडल (solar system), जहाँ सूर्य और उसके चारों ओर घूमने वाले ग्रह हैं, जिनमें पृथ्वी भी सम्मिलित है।

पृथ्वी, जो हमारे लिए जीवन का आधार है, अपने आप में एक अद्भुत संसार है। यह महासागरों और महाद्वीपों से घिरी हुई है। महाद्वीपों में विभाजित पृथ्वी देशों में बँटी हुई है। देश राज्यों (states) में, राज्य शहरों (cities) में, और शहर मोहल्लों (neighborhoods) में विभाजित हैं। इन मोहल्लों में बने छोटे-छोटे घरों में हम जैसे लोग रहते हैं, जो अपनी छोटी-सी दुनिया में व्यस्त रहते हैं।

मनुष्य: ब्रह्माण्ड में एक धूलकण

ब्रह्माण्ड के इस विराट विस्तार के सामने मनुष्य का अस्तित्व कितना छोटा है। चाहे वह कितना भी महान क्यों न हो, अंततः वह भी उसी मिट्टी में मिल जाता है, जहाँ से उसने अपनी यात्रा शुरू की थी।

मनुष्य का जीवन अस्थायी है, और उसकी उपलब्धियाँ भी समय की धारा में विलीन हो जाती हैं। जो आज महान प्रतीत होता है, कल केवल इतिहास के पन्नों में धुँधली स्मृति बनकर रह जाता है।

यह विचार कि हमारे पास "कुछ" है—चाहे वह नाम, पहचान, धन, या पदवी हो—एक भ्रम है। शरीर, जिसे हम अपनी सबसे बड़ी पूँजी मानते हैं, एक दिन इसी पृथ्वी में विलीन हो जाएगा। हमारे नाम समय के साथ मिट जाते हैं, और धन-संपत्ति किसी और के पास चली जाती है। तो फिर हम क्यों घमंड करते हैं? क्यों हम अपनी सीमित शक्ति और अस्थायी अस्तित्व को इतना महत्व देते हैं?

गुस्सा और घमंड का त्याग

हमारा गुस्सा और घमंड, हमारी इसी सीमित सोच का परिणाम है। यह हमें यह सोचने पर मजबूर करता है कि हम दूसरों से श्रेष्ठ हैं। जब हमारी अपेक्षाएँ पूरी नहीं होतीं या हमें अपमानित महसूस होता है, तो गुस्सा हमारे भीतर जन्म लेता है। लेकिन यदि हम ब्रह्माण्ड के इस विराट परिप्रेक्ष्य में अपने स्थान को देखें, तो हमें महसूस होगा कि हमारा गुस्सा और अहंकार व्यर्थ है।

गुस्सा न केवल हमारे मन और शरीर को नष्ट करता है, बल्कि यह हमारे रिश्तों और सामाजिक जीवन को भी प्रभावित करता है। यह हमें दूसरों से दूर कर देता है और हमारे भीतर की शांति को छीन लेता है। जब हम यह समझ जाते हैं कि जीवन का उद्देश्य घमंड या गुस्से में जीना नहीं है, तो हमारा दृष्टिकोण बदलने लगता है।

धैर्य और शांति: जीवन का मूल मंत्र

मनुष्य को अपने अस्तित्व की सीमाओं को समझकर अपनी ऊर्जा को सकारात्मक दिशा में लगाना चाहिए। धैर्य और शांति हमें सिखाते हैं कि जीवन का उद्देश्य अपनी सीमाओं को स्वीकार करना और दूसरों के साथ प्रेम और करुणा से पेश आना है। जब हम यह

स्वीकार कर लेते हैं कि हमारे पास कुछ भी स्थायी नहीं है, तो गुस्सा अपने आप समाप्त हो जाता है।

ब्रह्माण्ड से लेकर हमारे छोटे से जीवन तक का यह सफर हमें यह सिखाता है कि हमें अपने अस्तित्व को हल्के में लेना चाहिए। न हमें अपने आप को बहुत बड़ा मानना चाहिए और न ही अपने जीवन की समस्याओं को इतना गंभीर बनाना चाहिए कि वे हमें गुस्से और निराशा में ढकेल दें।

इस पुस्तक से यह आवश्यक है कि हम एक ऐसी शिक्षा ग्रहण करें जो हमारे जीवन को बदल सके। ब्रह्माण्ड की विशालता और हमारे छोटे से अस्तित्व का यह परिप्रेक्ष्य हमें सिखाता है कि जीवन को सरल, शांतिपूर्ण, और सार्थक बनाना ही हमारी सबसे बड़ी उपलब्धि हो सकती है।

तो आइए, अपने अहंकार, गुस्से, और असंतोष को त्यागें और एक ऐसा जीवन जिएँ, जो न केवल हमारे लिए बल्कि इस ब्रह्माण्ड के हर छोटे-बड़े हिस्से के लिए प्रेरणा बन सके। यही हमारे जीवन की सच्ची परिभाषा है, और यही इस पुस्तक का उद्देश्य।

***

प्रस्तावना

गुस्सा एक स्वाभाविक मानवीय भावना है, जो हर व्यक्ति के जीवन में कभी न कभी उत्पन्न होती है। यह एक तात्कालिक, शक्तिशाली और अक्सर अप्रत्याशित प्रतिक्रिया होती है, जो हम तब महसूस करते हैं जब हमें लगता है कि हमारे साथ अन्याय हुआ है, हमारी अपेक्षाएँ पूरी नहीं हुईं, या जब हम किसी स्थिति को अपने नियंत्रण से बाहर होते हुए पाते हैं। हम सभी ने किसी न किसी समय गुस्से का अनुभव किया है, लेकिन क्या हमने कभी यह सोचा है कि यह गुस्सा आखिरकार हमारे जीवन में क्या भूमिका निभाता है? क्या यह हमारी मानसिक स्थिति को प्रभावित करता है, या हमारे सामाजिक और पारिवारिक संबंधों में खटास पैदा करता है? क्या हम इसे एक साधारण भावना मानकर छोड़ सकते हैं, या इसके प्रबंधन की आवश्यकता होती है?

इन सवालों के उत्तर तलाशने की कोशिश करते हुए, मैंने इस पुस्तक **"गुस्से का आयाम"** को लिखने का निर्णय लिया। इस पुस्तक का उद्देश्य गुस्से के जटिल मनोवैज्ञानिक पहलुओं को समझाना और यह दिखाना है कि गुस्से का प्रभाव हमारे जीवन के हर क्षेत्र में कितना गहरा हो सकता है। विशेष रूप से किशोरावस्था में, जब व्यक्तित्व का निर्माण हो रहा होता है और व्यक्ति जीवन के संघर्षों का सामना कर रहा होता है, गुस्सा एक बहुत ही महत्वपूर्ण और चुनौतीपूर्ण भावना बन सकता है। इस पुस्तक को लिखने का विचार मुझे तब आया, जब विद्यालय में पढ़ाते समय एक घटना ने मुझे गहरे आत्मनिरीक्षण की ओर प्रेरित किया। मेरी दो विद्यार्थियाँ, जिनके बीच हमेशा अच्छे संबंध थे, अचानक एक छोटी सी बात पर लड़ पड़ीं। यह घटना मुझे हैरान कर

गई, क्योंकि मुझे उनकी लड़ाई के पीछे कोई ठोस कारण नहीं दिखा। एक साधारण सी बात, जो किसी और परिस्थिति में हल्की सी भी लग सकती थी, क्यों इतनी गंभीर बन गई? मैंने सोचा, क्या यह केवल बच्चों की चिड़चिड़ापन या अव्यवस्थित भावनाओं का परिणाम था, या फिर इसके पीछे गहरे मनोवैज्ञानिक कारण थे, जिन पर विचार किया जाना चाहिए? इन दो विद्यार्थियों के बीच का यह संघर्ष केवल एक घटना थी, लेकिन इसके परिणाम ने मुझे सोचने पर मजबूर किया। क्या हम यह समझ पा रहे हैं कि गुस्सा एक ऐसी भावना है, जिसे बिना समझे हम नजरअंदाज कर देते हैं? क्या गुस्से की उत्पत्ति केवल व्यक्तिगत असंतोष से होती है, या इसके पीछे मानसिक और सामाजिक परतें भी जुड़ी होती हैं? क्या यह केवल व्यक्तिगत समस्या है, या यह हमारे समाज के समग्र मानसिक स्वास्थ्य का एक आईना हो सकता है? इस घटना ने मुझे यह महसूस कराया कि गुस्से को एक ऐसी भावना के रूप में देखा जाना चाहिए, जिसे हम पूरी तरह से समझें और नियंत्रित करने के उपायों को जानें। इससे ही मुझे गुस्से पर शोध करने का विचार आया और इस विषय पर एक पुस्तक लिखने का विचार पुष्ट हुआ।

किशोरावस्था, जिसे जीवन के तूफानी और संघर्षपूर्ण समय के रूप में जाना जाता है, एक ऐसी अवस्था है, जिसमें शारीरिक, मानसिक और भावनात्मक परिवर्तनों का बड़ा प्रभाव पड़ता है। इस उम्र में बच्चे आत्मनिर्भर बनने की कोशिश कर रहे होते हैं, अपनी पहचान बना रहे होते हैं और भविष्य के बारे में कई अनिश्चितताओं का सामना कर रहे होते हैं। यह समय चुनौतियों और संघर्षों से भरा होता है, जिसमें गुस्सा एक महत्वपूर्ण प्रतिक्रिया के रूप में सामने आता है।इस पुस्तक का प्रमुख उद्देश्य किशोरों को गुस्से को समझने और इसे नियंत्रित करने के उपायों से अवगत कराना है। गुस्से की भावनाएं इस उम्र में बहुत तीव्र हो सकती हैं, और कई बार यह नियंत्रण से बाहर निकलकर व्यक्ति के

मानसिक और शारीरिक स्वास्थ्य पर प्रतिकूल प्रभाव डाल सकती हैं। किशोरों को यह समझाने की आवश्यकता है कि गुस्सा केवल एक भावना नहीं है, बल्कि यह उनके जीवन में एक ताकतवर और प्रभावशाली शक्ति हो सकती है, जिसे यदि ठीक से प्रबंधित किया जाए, तो यह उन्हें मानसिक शांति और सफलता की दिशा में मार्गदर्शन कर सकता है।

गुस्से को समझने के लिए सबसे पहले हमें इसके मनोवैज्ञानिक पहलुओं को समझना होगा। गुस्सा अक्सर हमारे अंदर की असंतोष, चोट, या किसी अन्याय के प्रति प्रतिक्रिया के रूप में उत्पन्न होता है। यह मनोवैज्ञानिक स्तर पर एक सुरक्षा प्रतिक्रिया की तरह काम करता है, जो हमें हमारी सीमाओं को पहचानने और उनसे रक्षा करने के लिए प्रेरित करता है। लेकिन जब यह प्रतिक्रिया अत्यधिक और अनियंत्रित हो जाती है, तो यह न केवल हमारी मानसिक स्थिति को प्रभावित करती है, बल्कि हमारे शरीर के अन्य अंगों पर भी इसका प्रभाव पड़ता है। गुस्से को नियंत्रित करने के लिए एक और महत्वपूर्ण दृष्टिकोण अध्यात्म है। विभिन्न धार्मिक और दार्शनिक परंपराएँ गुस्से के प्रबंधन के लिए मार्गदर्शन प्रदान करती हैं। उदाहरण के लिए, बौद्ध धर्म में गुस्से को एक नकारात्मक भावना माना गया है और इसे क्षमा, शांतता और धैर्य द्वारा नियंत्रित किया जाता है। इसी तरह, हिन्दू धर्म में भी गुस्से को एक विकार के रूप में देखा जाता है, जिसे आत्मनियंत्रण और साधना के द्वारा पार किया जा सकता है। अध्यात्म हमें यह सिखाता है कि गुस्से को हमें अपनी ऊर्जा का निर्माण करने के लिए प्रयोग करना चाहिए, न कि इसे विनाश के रूप में प्रकट होने देना चाहिए।

"गुस्से का आयाम" एक व्यापक और गहरी दृष्टि प्रदान करने का प्रयास करती है। यह पुस्तक विशेष रूप से किशोरों के लिए है, जो अपनी भावनाओं, विचारों और प्रतिक्रियाओं को समझने और

नियंत्रित करने की क्षमता प्राप्त करने के लिए संघर्ष कर रहे होते हैं। गुस्से के मनोवैज्ञानिक, सामाजिक, पारिवारिक, और शारीरिक पहलुओं को समझने के बाद, हम इसे एक सकारात्मक शक्ति में बदल सकते हैं, जो हमारे जीवन को सशक्त और संतुलित बना सकती है। मुझे विश्वास है कि यह पुस्तक किशोरों और युवाओं के लिए एक मार्गदर्शक के रूप में कार्य करेगी, जो उन्हें गुस्से को समझने और उसे नियंत्रित करने के उपायों के बारे में जानने में मदद करेगी।

सूरज सिंह
मुजफ्फरपुर, बिहार

आभार

शुक्रिया उन सभी का,
जिन्होंने मेरी ख़ामोशी को सुना,
जिनके स्पर्श ने मेरी
सूनी भावनाओं को जीवन दिया।
आभार उन अनुभवों का,
जिनकी कड़वाहट और मिठास ने
मुझे शब्दों का स्वाद चखाया।
जिनसे मैंने सीखा कि दर्द भी
सुंदर हो सकता है।
शुक्रिया उन रिश्तों का,
जो अधूरे रह गए,
और उन सपनों का,
जो टूटकर भी उम्मीदों के बीज बोते रहे।
आभार उन अंधेरों का,
जिन्होंने रोशनी का अर्थ समझाया।
सबका आभार,
जिनकी वजह से
मेरी भावनाओं ने शब्दों का आकार लिया,
और मेरी आवाज़ एक क्रांति बन गई।

- सूरज सिंह

***.

लेखक परिचय

सूरज सिंह, एक ऐसा नाम जो शिक्षा और साहित्य दोनों क्षेत्रों में अपनी विशेष पहचान रखता है। उनकी पहचान एक शिक्षक से कहीं अधिक है; वे अपने विचारों और शब्दों के माध्यम से समाज को नई दृष्टि प्रदान करने वाले एक सशक्त लेखक भी हैं।

जहां उनके व्यक्तित्व में एक शिक्षक की गंभीरता और मार्गदर्शन की क्षमता है, वहीं उनकी लेखनी में एक कवि की संवेदनशीलता और गहराई का दर्शन होता है। उनकी पुस्तक "शिकायतें" इस बात का प्रमाण है कि जीवन के जटिलतम पहलुओं को कैसे सरल, सहज, और प्रभावी तरीके से प्रस्तुत किया जा सकता है। उनकी ग़ज़लें, शेर, और शायरी पाठकों के दिलों को छूते हैं और उन्हें अपने भीतर झांकने पर विवश करते हैं। सूरज सिंह के लेखन में भावनाओं की वह ताकत है जो शब्दों को जीवंत बना देती है और पाठक को हर पंक्ति में एक नया अर्थ खोजने के लिए प्रेरित करती है।

शिक्षा के क्षेत्र में उनकी यात्रा केवल ज्ञान देने तक सीमित नहीं है। वे शिक्षा को जीवन का मार्गदर्शक मानते हैं, एक ऐसा माध्यम जिससे न केवल विद्यार्थी बल्कि समाज भी समृद्ध होता है। राज्य और केंद्रीय विद्यालयों में वर्षों के अनुभव के साथ, उन्होंने हजारों छात्रों को न केवल पढ़ाई में बल्कि जीवन के हर संघर्ष में भी सफल होने का हौसला दिया है। उनके छात्रों के लिए वे केवल एक शिक्षक नहीं, बल्कि प्रेरणा, आत्मविश्वास और आत्मनिर्भरता के स्रोत हैं।

सूरज सिंह के लिए कक्षा केवल एक चारदीवारी नहीं है, यह एक मंच है जहां हर छात्र को अपनी पहचान बनाने का अवसर मिलता

है। उनकी शिक्षण शैली छात्रों के मनोबल को बढ़ाती है, और उनका दृष्टिकोण हर युवा को भविष्य के संघर्षों के लिए तैयार करता है।

साहित्य और शिक्षा में उनके योगदान को कई पुरस्कारों से सम्मानित किया गया है। ग्लोबल एक्सीलेंस अवार्ड, शब्द भास्कर सम्मान, और ब्लू इंक अवार्ड जैसे प्रतिष्ठित सम्मानों ने उनके कार्यों की सराहना की है। ये सम्मान उनके सशक्त विचारों, प्रभावी लेखन, और समाज के प्रति उनकी निस्वार्थ सेवा का प्रमाण हैं।

सूरज सिंह का मानना है कि शिक्षा और साहित्य केवल ज्ञान या मनोरंजन के साधन नहीं हैं, बल्कि ये समाज में बदलाव लाने के सबसे प्रभावी उपकरण हैं। उनकी रचनाएं पाठकों को न केवल प्रेरित करती हैं, बल्कि उन्हें अपनी सीमाओं से बाहर निकलकर कुछ नया करने का साहस भी देती हैं।

सूरज सिंह के व्यक्तित्व की खासियत उनकी गहराई है—एक ऐसी गहराई जो शब्दों में, विचारों में, और उनके कार्यों में झलकती है। वे न केवल एक शिक्षक और लेखक हैं, बल्कि एक विचारक, एक मार्गदर्शक, और हर उस व्यक्ति के लिए प्रेरणा हैं जो जीवन में कुछ अर्थपूर्ण करने का सपना देखता है।

***

1

गुस्सा क्या है?

भावनाएँ मनुष्य के जीवन का मूल आधार हैं, जो न केवल उसकी आंतरिक स्थिति को व्यक्त करती हैं, बल्कि उसके व्यवहार, संबंध और सामाजिक जीवन को भी प्रभावित करती हैं। इन भावनाओं में से गुस्सा एक प्रमुख और प्रभावशाली भावना है। यह भावना हमारी प्रतिक्रियाओं, निर्णयों और संबंधों को गहराई से प्रभावित करती है। गुस्सा, हालांकि एक सामान्य मानवीय भावना है, लेकिन इसकी तीव्रता और इसके प्रभाव व्यक्ति के जीवन में गहरा प्रभाव डाल सकते हैं। इस अध्याय में हम गुस्से को समझने का प्रयास करेंगे, लेकिन पहले यह समझना आवश्यक है कि भावनाओं की भूमिका क्या है और गुस्सा उनमें क्यों एक विशेष स्थान रखता है।

भावनाएँ, जैसे कि खुशी, दुःख, भय, और गुस्सा, हमारे मनोवैज्ञानिक और शारीरिक स्वास्थ्य का दर्पण होती हैं। इन भावनाओं के माध्यम से हम अपने आस-पास की परिस्थितियों पर प्रतिक्रिया देते हैं। गुस्सा, विशेष रूप से, एक ऐसी भावना है जो असंतोष, नकारात्मकता या अन्याय की प्रतिक्रिया के रूप में उत्पन्न होती है। यह भावनात्मक प्रतिक्रिया न केवल हमारे मानसिक संतुलन को प्रभावित करती है, बल्कि हमारे शारीरिक स्वास्थ्य पर भी गहरा प्रभाव डालती है।

प्राचीन भारतीय दर्शन से लेकर आधुनिक मनोविज्ञान तक, गुस्से को मानव स्वभाव की एक स्वाभाविक प्रतिक्रिया के रूप में देखा गया है। यह भावना हमारे अस्तित्व के लिए उतनी ही महत्वपूर्ण है

जितनी अन्य भावनाएँ, लेकिन इसकी तीव्रता और नियंत्रण की कमी व्यक्ति और समाज दोनों के लिए चुनौती बन सकती है। गुस्से की जड़ें हमारे अनुभवों, अपेक्षाओं और हमारे समाज से मिलने वाले प्रतिक्रियाओं में गहराई तक जुड़ी होती हैं।

गुस्सा क्या है? गुस्सा एक सामान्य और स्वाभाविक जैविक भावनात्मक प्रतिक्रिया है, जो तब उत्पन्न होती है जब कोई व्यक्ति किसी असंतोषजनक या अवांछनीय परिस्थिति का सामना करता है। यह नकारात्मक या चुनौतीपूर्ण स्थिति में प्रतिक्रिया के रूप में उत्पन्न होती है। जब व्यक्ति को लगता है कि उसके साथ अन्याय हुआ है, उसकी अपेक्षाएँ पूरी नहीं हुई हैं, या उसे कोई नुकसान हुआ है, उसके प्रयास विफल हो रहे हैं, या उसे अपमानित या नज़रअंदाज़ किया जा रहा है, तो वह गुस्से का अनुभव करता है।

यह एक तीव्र भावना है, जो शारीरिक, मानसिक, और भावनात्मक प्रतिक्रियाओं को उत्पन्न करती है। इसे क्रोध, तैश, या नाराज़गी भी कहा जाता है। गुस्से में व्यक्ति मानसिक और शारीरिक रूप से तनाव महसूस करता है, व्यक्ति को अत्यधिक उत्तेजना और असंतुष्टता महसूस होती है। जैसे कि दिल की धड़कन तेज़ हो जाना, साँस लेने की गति बढ़ना, और शारीरिक तनाव बढ़ना। यह एक प्राकृतिक भावना है, जो किसी भी व्यक्ति को किसी भी समय हो सकती है।

मनोविज्ञान में, गुस्से को एक प्राथमिक भावना (primary emotion) माना जाता है, जो कई मानसिक और शारीरिक प्रतिक्रियाओं को जन्म देती है। यह भावना लड़ाई या भागने (fight or flight) की स्वाभाविक प्रतिक्रिया से भी जुड़ी होती है, जो तनावपूर्ण या खतरनाक स्थितियों में व्यक्ति को सुरक्षा के लिए प्रतिक्रिया करने के लिए प्रेरित करती है।

गुस्से की मनोवैज्ञानिक परिभाषा के अनुसार, "गुस्सा एक तीव्र भावनात्मक प्रतिक्रिया है, जो तब उत्पन्न होती है जब कोई व्यक्ति किसी असंतोषजनक, चुनौतीपूर्ण, या धमकीपूर्ण स्थिति का सामना करता है। यह प्रतिक्रिया तब होती है जब व्यक्ति को लगता है कि उसके साथ अन्याय हुआ है, उसकी अपेक्षाएँ पूरी नहीं हुई हैं, या उसकी व्यक्तिगत सीमाओं का उल्लंघन हुआ है।"

गुस्से को कई कारकों से प्रभावित माना जाता है, जैसे व्यक्ति की आंतरिक भावनाएँ, व्यक्तित्व, पिछले अनुभव, और सामाजिक या सांस्कृतिक संदर्भ इत्यादि। मनोवैज्ञानिक दृष्टिकोण से, गुस्से को एक भावना के रूप में देखा जाता है जो संचार और समस्या-समाधान में मदद कर सकती है, लेकिन अगर इसे ठीक से नियंत्रित न किया जाए, तो यह व्यक्ति और उसके सामाजिक संबंधों के लिए हानिकारक हो सकता है।

गुस्सा न तो पूरी तरह से अच्छा होता है और न ही पूरी तरह से बुरा। यह एक सामान्य मानवीय भावना है, और इसका असर इस बात पर निर्भर करता है कि इसे कैसे व्यक्त किया जाता है और इससे कैसे निपटा जाता है। आइए इसे दोनों दृष्टिकोणों से समझते हैं:-

गुस्से के सकारात्मक पहलू

a. **प्रेरणा का स्रोत :** सही ढंग से नियंत्रित गुस्सा आपको उन स्थितियों में प्रेरित कर सकता है, जहाँ आप अन्याय का सामना कर रहे हों। यह आपको अन्याय, भेदभाव, या अन्य समस्याओं के खिलाफ खड़ा होने और परिवर्तन लाने के लिए प्रेरित कर सकता है।

b. **सीमा निर्धारित करने में मदद :** गुस्सा आपको बताता है कि किसी ने आपकी व्यक्तिगत सीमाओं को लांघा है। यह दूसरों को

स्पष्ट संकेत देने में मदद कर सकता है कि आप क्या सहन नहीं करेंगे।

c. **संचार में सुधार :** अगर गुस्सा सकारात्मक तरीके से व्यक्त किया जाए, तो यह आपको अपनी भावनाएँ व्यक्त करने में मदद कर सकता है। यह बताने में सहायक हो सकता है कि आपको किस बात से समस्या हो रही है, जिससे समाधान ढूंढा जा सके।

d. **न्याय के लिए आवाज उठाना :** कई बार गुस्से से उत्पन्न ऊर्जा का उपयोग सामाजिक अन्याय के खिलाफ आवाज उठाने और सही चीज़ों के लिए लड़ने के लिए किया जाता है। उदाहरण के तौर पर, महात्मा गांधी ने अहिंसक गुस्से का इस्तेमाल भारत को आज़ादी दिलाने के लिए किया था।

गुस्से के नकारात्मक पहलू

a. **स्वास्थ्य पर नकारात्मक प्रभाव :** अत्यधिक और अनियंत्रित गुस्सा आपके मानसिक और शारीरिक स्वास्थ्य पर बुरा असर डाल सकता है। यह उच्च रक्तचाप, हृदय रोग, और तनाव जैसी समस्याओं का कारण बन सकता है।

b. **संबंधों पर असर :** अगर गुस्से को गलत तरीके से व्यक्त किया जाए, तो यह आपके पारिवारिक, सामाजिक, और व्यावसायिक संबंधों को नुकसान पहुँचा सकता है। बार-बार गुस्से के प्रयोग से आपके रिश्तों में दूरी बढ़ सकती है।

c. **निर्णय लेने की क्षमता प्रभावित :** गुस्से की स्थिति में व्यक्ति का दिमाग साफ़ नहीं होता और वह जल्दबाज़ी में गलत निर्णय ले सकता है। इस तरह के निर्णय अक्सर पछतावे का कारण बनते हैं।

d. **आक्रामकता और हिंसा :** यदि गुस्सा नियंत्रण से बाहर हो जाए, तो यह आक्रामकता, हिंसा, और विध्वंसक व्यवहार का रूप ले

सकता है, जो न केवल व्यक्ति बल्कि समाज के लिए भी हानिकारक होता है।

भगवद्गीतागीता में गुस्से का वर्णन

भगवद्गीता में गुस्से (क्रोध) को मानव जीवन के पतन का एक प्रमुख कारण बताया गया है। गीता के अनुसार, क्रोध मनुष्य के विवेक को नष्ट कर देता है और उसे अधर्म के मार्ग पर ले जाता है। क्रोध को काम, लोभ, और अहंकार के साथ तीन मुख्य दुर्गुणों में से एक माना गया है, जो आत्मा की शुद्धि में बाधा उत्पन्न करते हैं। *क्रोध का वर्णन और प्रभाव (अध्याय 2, श्लोक 62-63):* भगवान श्रीकृष्ण अर्जुन से कहते हैं:

ध्यायतो विषयान्पुंसः संगस्तेषूपजायते।
संगात्संजायते कामः कामात्क्रोधोऽभिजायते॥

(श्लोक 62)

अर्थ: जब मनुष्य विषयों का ध्यान करता है, तो उनमें आसक्ति उत्पन्न होती है। आसक्ति से इच्छा पैदा होती है, और इच्छा पूरी न होने पर क्रोध उत्पन्न होता है।

क्रोधाद्भवति सम्मोहः सम्मोहात्स्मृतिविभ्रमः।
स्मृतिभ्रंशाद्बुद्धिनाशो बुद्धिनाशात्प्रणश्यति॥

(श्लोक 63)

अर्थ: क्रोध से मोह उत्पन्न होता है, मोह से स्मृति का नाश होता है, स्मृति के नष्ट होने से बुद्धि का नाश होता है, और बुद्धि के नाश से मनुष्य का पतन हो जाता है।

- **क्रोध का मूल कारण:** गीता में क्रोध का मूल कारण इच्छाओं और अपेक्षाओं को बताया गया है। जब व्यक्ति की इच्छाएँ पूरी नहीं होतीं, तो वह क्रोध से भर जाता है। यह क्रोध उसके मन और बुद्धि को दूषित कर देता है, जिससे वह सही और गलत में अंतर नहीं कर पाता।

अतः यह कहा जा सकता है कि गुस्सा स्वाभाविक और मानवीय भावना है, लेकिन इसका असर इस बात पर निर्भर करता है कि इसे कैसे नियंत्रित और प्रकट किया जाता है। सही ढंग से व्यक्त किया गया गुस्सा सकारात्मक बदलाव लाने में मददगार हो सकता है, लेकिन अनियंत्रित गुस्सा व्यक्तिगत और सामाजिक समस्याओं का कारण बन सकता है। इसलिए इसे पहचानना, प्रबंधित करना और सकारात्मक रूप से उपयोग करना ज़रूरी है। गुस्से को समझने में मनोवैज्ञानिक और सिद्धांतकार हमेशा प्रयासरत हैं, उन्होंने इसके विभिन्न पहलुओं पर ध्यान केंद्रित किया है। यहाँ कुछ प्रमुख मनोवैज्ञानिकों द्वारा गुस्से की परिभाषाएँ दी गई हैं:-

1) सिगमंड फ्रायड

फ्रायड के अनुसार, गुस्सा मानव की आंतरिक इच्छाओं और बाहरी सामाजिक नियमों के बीच संघर्ष का परिणाम है। उनकी मनोविश्लेषणात्मक थ्योरी के अनुसार, गुस्सा तब उत्पन्न होता है जब अवचेतन मन की दबी हुई इच्छाएँ या कुंठाएँ व्यक्त नहीं हो पातीं। फ्रायड ने इसे एक प्राकृतिक और महत्वपूर्ण भावना माना, लेकिन इसे नियंत्रित करना आवश्यक बताया ताकि यह विनाशकारी न हो।

2) कार्ल जंग

जंग के अनुसार, गुस्सा व्यक्ति के "छाया पक्ष" से संबंधित है, यानी उसकी व्यक्तित्व की वह छिपी हुई या दबी हुई भावनाएँ और इच्छाएँ जिन्हें वह स्वीकृति नहीं देता। गुस्सा उस समय प्रकट होता है जब व्यक्ति अपनी छाया को पहचानने और स्वीकार करने में असफल होता है। यह आत्मा की विकास प्रक्रिया का हिस्सा है और इसे पहचानने और समझने की आवश्यकता होती है।

3) बी.एफ. स्किनर

व्यवहारवादी मनोविज्ञान के प्रमुख स्किनर के अनुसार, गुस्सा एक सामान्य प्रतिक्रियात्मक व्यवहार है, जो व्यक्ति की पर्यावरणीय उत्तेजनाओं से उत्पन्न होता है। स्किनर के व्यवहारवादी सिद्धांत के अनुसार, गुस्सा तब उत्पन्न होता है जब कोई व्यक्ति अपने उद्देश्यों में बाधा महसूस करता है। यह प्रतिक्रिया बाहरी उत्तेजनाओं द्वारा नियंत्रित होती है और इसे सकारात्मक या नकारात्मक सुदृढीकरण (reinforcement) के माध्यम से बदला जा सकता है।

4) विलियम जेम्स

विलियम जेम्स की भावना-प्रेरणा के अनुसार, गुस्सा शारीरिक प्रतिक्रियाओं का परिणाम है। जेम्स के अनुसार, जब व्यक्ति किसी उत्तेजना का सामना करता है, तो पहले शरीर में शारीरिक परिवर्तन होते हैं, जैसे हृदय गति का बढ़ना या मांसपेशियों में तनाव, और इसके बाद व्यक्ति गुस्से जैसी भावना का अनुभव करता है। गुस्से को उन्होंने एक सहज और स्वाभाविक प्रतिक्रिया के रूप में देखा।

5) एल्बर्ट एलिस

एलिस की REBT (रेशनल इमोटिव बिहेवियर थेरेपी) के अनुसार, गुस्सा व्यक्ति के तर्कहीन विश्वासों और सोच की वजह से उत्पन्न होता है। जब कोई व्यक्ति किसी स्थिति के बारे में अत्यधिक नकारात्मक विचार करता है या अवास्तविक उम्मीदें रखता है, तो वह गुस्से की भावना अनुभव करता है। उनके अनुसार, गुस्से को तर्कसंगत सोच के माध्यम से कम किया जा सकता है।

6) अल्फ्रेड एडलर

एडलर के अनुसार, गुस्सा व्यक्ति की हीनता की भावना और किसी विशेष लक्ष्य तक पहुँचने में बाधाओं के कारण उत्पन्न होता है। जब कोई व्यक्ति सामाजिक या व्यक्तिगत रूप से खुद को कमजोर महसूस करता है, तो वह गुस्से के माध्यम से अपनी ताकत और नियंत्रण को प्रदर्शित करने की कोशिश करता है। गुस्सा उसके आत्म-सम्मान को संरक्षित करने का तरीका हो सकता है।

7) एरॉन बेक

बेक, जो संज्ञानात्मक थेरपी के जनक माने जाते हैं, के अनुसार गुस्सा एक विकृत सोच (cognitive distortion) का परिणाम होता है। बेक के अनुसार, जब व्यक्ति किसी स्थिति को गलत ढंग से व्याख्यायित करता है या नकारात्मक धारणाएँ बनाता है, तो वह गुस्सा महसूस करता है। संज्ञानात्मक थेरपी का उद्देश्य उन गलत धारणाओं को सुधारना और तर्कसंगत सोच विकसित करना होता है, जिससे गुस्सा कम हो सकता है।

8) लियोनार्ड बर्कोवित्ज़

बर्कोवित्ज़ की आक्रामकता के लिए उत्तेजना-प्रतिक्रिया मॉडल (Arousal-Aggression Model) के अनुसार, गुस्सा तब उत्पन्न होता है जब व्यक्ति किसी उत्तेजक स्थिति का सामना करता है, और यह उत्तेजना उसकी आक्रामकता को बढ़ाती है। गुस्सा एक उत्तेजना के परिणामस्वरूप होता है और इसे बाहरी उत्तेजनाओं से बढ़ावा मिलता है।

9) रॉबर्ट प्लुचिक

रॉबर्ट प्लुचिक ने गुस्से को अपनी "भावनात्मक चक्र" थ्योरी के तहत एक बुनियादी भावना माना। उन्होंने गुस्से को उन आठ मूल भावनाओं (आनंद, विश्वास, डर, आश्चर्य, दुःख, घृणा, गुस्सा तथा प्रत्याशा) में से एक के रूप में परिभाषित किया जो इंसानों में स्वाभाविक रूप से पाई जाती हैं। उनके अनुसार, गुस्सा एक रक्षात्मक भावना है, जो व्यक्ति की सुरक्षा के लिए उत्पन्न होती है और इसका उद्देश्य धमकी से निपटना होता है।

***

2

गुस्से के मूल कारण

गुस्सा मानव मन की एक स्वाभाविक प्रतिक्रिया है, जो अक्सर असंतोष, अन्याय, या किसी प्रकार की बाधा के कारण उत्पन्न होती है। यह केवल एक भावनात्मक स्थिति नहीं है, बल्कि इसके पीछे मानसिक, सामाजिक, और व्यक्तिगत कारणों की एक गहरी जड़ें होती हैं।

मानसिक स्तर पर गुस्सा हमारे विचारों और भावनाओं के असंतुलन से उपजता है। यह तनाव, निराशा, या आत्मसम्मान को ठेस पहुँचने पर तीव्र हो सकता है। सामाजिक स्तर पर, हमारी परिस्थितियाँ और अन्य लोगों के साथ हमारे संबंध गुस्से को भड़काने में महत्वपूर्ण भूमिका निभाते हैं। वहीं, व्यक्तिगत स्तर पर, हमारे बचपन के अनुभव, हमारी आदतें, और हमारी सीमित सहनशीलता गुस्से के रूप में प्रकट होती हैं।

इस अध्याय में, हम गुस्से के इन विभिन्न पहलुओं की गहराई से पड़ताल करेंगे। यह समझने का प्रयास करेंगे कि कैसे गुस्सा हमारे जीवन को प्रभावित करता है, और इसके मूल कारणों को समझकर इसे नियंत्रित करने के उपाय ढूंढ सकते हैं। आइए, इस मानव मन की जटिलता में प्रवेश करें और जानें कि गुस्से के पीछे छिपे वास्तविक कारण क्या हैं।

मानसिक कारण

a. **तनाव और दबाव:** आज की भाग-दौड़ भरी जिंदगी में लोग निरंतर मानसिक तनाव का सामना करते हैं, जो उनके लिए गुस्से का एक प्रमुख कारण बन सकता है। काम का अत्यधिक बोझ, व्यक्तिगत और पेशेवर जिम्मेदारियों का दबाव और निरंतर प्रतिस्पर्धा का सामना करने से लोग तनावग्रस्त होते हैं। जब यह तनाव सहनशक्ति से बाहर हो जाता है, तो व्यक्ति क्रोधित हो सकता है।

b. **सम्मान का आघात:** व्यक्ति के स्वाभिमान को ठेस पहुंचने पर स्वाभाविक रूप से गुस्सा उत्पन्न होता है। जब किसी की प्रतिष्ठा को किसी सार्वजनिक या व्यक्तिगत रूप से अपमानित किया जाता है, तो यह उसके आत्मसम्मान पर सीधा आघात करता है। ऐसे मामलों में, व्यक्ति क्रोध में प्रतिक्रिया देता है क्योंकि उसे लगता है कि उसकी गरिमा का हनन हो रहा है।

c. **बचपन के अनुभव:** बचपन के कड़वे या कठिन अनुभव व्यक्ति के मानसिक और भावनात्मक विकास पर गहरा प्रभाव डाल सकते हैं। बचपन में देखे गए हिंसक या आक्रामक माहौल में पले बच्चें गुस्से की भावना को सामान्य मान सकते हैं। ये अनुभव वर्तमान में उनके गुस्से का एक कारण बन सकते हैं, खासकर जब उनके पुराने अनुभवों की यादें ताजा हो जाती हैं।

d. **सीखी हुई भावनाएं:** गुस्सा एक सीखी हुई भावना भी हो सकती है। बचपन के कठिन अनुभव अक्सर गुस्से का कारण बन सकते हैं। उदाहरण के लिए, अगर किसी बच्चे ने अपने परिवार में हिंसा, अपमान या उपेक्षा का सामना किया हो, तो वह व्यक्ति के मन में छिपी हुई आक्रोश भावना के रूप में मौजूद रह सकता है। ये अनुभव वयस्क होने पर उनके व्यवहार में गुस्से के रूप में प्रकट

हो सकते हैं।यदि किसी व्यक्ति ने अपने आस पास गुस्से का-व्यवहार बारबार देखा है-, तो वह इसे सही प्रतिक्रिया मान सकता है। उदाहरण के लिए, ऐसे घरों में जहाँ अभिभावक हमेशा गुस्से में प्रतिक्रिया देते हैं, बच्चों में भी यह आदत विकसित हो सकती है।

e. **नकारात्मक विचार और धारणाएं:** जब व्यक्ति को लगता है कि उसे अन्याय का सामना करना पड़ रहा है या वह अपनी परिस्थितियों पर नियंत्रण नहीं रख पा रहा है, तो नकारात्मक धारणाओं के कारण गुस्सा उत्पन्न हो सकता है। यह अन्याय व्यक्तिगत, पेशेवर या सामाजिक स्तर पर हो सकता है, और यह धारणा कि व्यक्ति के साथ गलत हो रहा है, उसे गुस्से की ओर प्रेरित कर सकता है।

f. **संवेदनशीलता:** कुछ लोग स्वाभाविक रूप से अधिक संवेदनशील होते हैं, जिससे वे छोटी-छोटी बातों पर भी गुस्सा कर सकते हैं, संवेदनशीलता मानसिक स्वास्थ्य,व्यक्तिगत अनुभवों या बचपन के दौरान हुई घटनाओं से उत्पन्न हो सकती है। ऐसे लोग दूसरों की बातों या व्यवहार से जल्दी प्रभावित हो जाते हैं और उनकी प्रतिक्रियाएँ तीव्र हो सकती हैं।

भावनात्मक कारण

a. **दर्द और चोट:** व्यक्ति कभी-कभी शारीरिक या भावनात्मक चोट के कारण गुस्सा करता है| दर्द सहन करने की सीमा जब पार हो जाती है तो व्यक्ति गुस्से के रूप में अपनी असहनीय स्थिति का इज़हार करता है। यह प्रतिक्रिया आंतरिक पीड़ा से छुटकारा पाने के लिए हो सकती है।

b. **डर और असुरक्षा:** डर गुस्से का एक बड़ा कारण हो सकता है। जब व्यक्ति को किसी प्रकार का खतरा महसूस होता है, चाहे वह शारीरिक हो या भावनात्मक, वह स्वाभाविक रूप से अपने बचाव

में गुस्से की ओर झुक सकता है। असुरक्षा की भावना भी व्यक्ति को आक्रामक बना सकती है, खासकर तब, जब वह खुद को कमजोर या असहाय महसूस करता है।

c. **क्रोध और आक्रोश:** कई बार व्यक्ति के भीतर छिपा हुआ क्रोध या आक्रोश बाहर आता है। यह क्रोध पिछले असंतोषों, अपमानों या विफलताओं का परिणाम हो सकता है। जब यह क्रोध लंबे समय तक दबा रहता है, तो इसका अचानक विस्फोट गुस्से के रूप में सामने आता है।

d. **असहजता और परेशानी:** व्यक्ति जब किसी असहज या अजीब स्थिति में फंस जाता है, तो वह मानसिक रूप से परेशान हो सकता है। ऐसी स्थिति में उसे गुस्सा आ सकता है, क्योंकि वह उस परिस्थिति से बाहर नहीं निकल पा रहा होता है। इस प्रकार, असहजता गुस्से का एक अप्रत्यक्ष कारण बन सकती है।

e. **अपेक्षाओं की असंतुष्टता:** जब व्यक्ति की अपेक्षाएँ पूरी नहीं होतीं, तो उसे निराशा होती है। यह निराशा गुस्से में बदल सकती है, खासकर तब, जब उसे किसी पर भरोसा हो और वह उस भरोसे पर खरा न उतरे। इसी प्रकार, व्यक्तिगत या पेशेवर जीवन में असफलताएँ भी गुस्से का कारण बन सकती हैं।

शारीरिक कारण

a. **थकान और नींद की कमी:** थकान या नींद की कमी के कारण व्यक्ति की सहनशक्ति कम होजाती है, और उसकी प्रतिक्रिया क्षमता प्रभावित होती है। जब व्यक्ति मानसिक या शारीरिक रूप से अत्यधिक थका होता है, तो वह छोटी-छोटी बातों पर भी गुस्सा कर सकता है। थकान उसकी भावनात्मक स्थिरता को बिगाड़ सकती है।

b. **भूख और प्यास:** भूख और प्यास भी व्यक्ति के मानसिक संतुलन को प्रभावित करती है। जब शरीर को पोषण या ऊर्जा की आवश्यकता होती है, तो उसका सीधा असर मस्तिष्क पर पड़ता है, और व्यक्ति चिड़चिड़ा हो सकता है। इसी चिड़चिड़ाहट के कारण वह गुस्से में प्रतिक्रिया दे सकता है।

c. **दर्द और बीमारी:** शारीरिक दर्द या बीमारी व्यक्ति के मानसिक और भावनात्मक स्वास्थ्य को कमजोर कर सकती है। जब व्यक्ति लंबे समय से दर्द या किसी बीमारी से पीड़ित होता है, तो उसका मानसिक संतुलन बिगड़ सकता है, जिससे उसे गुस्सा आ सकता है।

d. **हार्मोनल परिवर्तन:** शरीर में हार्मोनल बदलाव भी गुस्से का एक प्रमुख कारण हो सकते हैं। यह बदलाव व्यक्ति की भावनाओं को अस्थिर कर सकते हैं, और उसे गुस्से की भावना का सामना करना पड़ सकता है। यह समस्या विशेषकर युवावस्था, गर्भावस्था, और रजोनिवृत्ति जैसी अवस्थाओं में देखने को मिलती है।

e. **नशीली दवाओं का सेवन:** नशीली दवाओं का अत्यधिक सेवन व्यक्ति की मानसिक स्थिति पर गहरा प्रभाव डाल सकता है। यह दवाएँ मस्तिष्क के काम-काज को प्रभावित कर सकती हैं, जिससे व्यक्ति को गुस्से का सामना करना पड़ सकता है। शराब, तम्बाकू और अन्य मादक पदार्थ व्यक्ति की तर्कसंगत सोचने की क्षमता को कम कर सकते हैं।

सामाजिक कारण

a. **संबंधों में तनाव:** किसी भी रिश्ते में तनाव या टकराव गुस्से का मुख्य कारण होता है। यह तनाव पति-पत्नी, माता-पिता और बच्चों, या दोस्तों के बीच हो सकता है। जब व्यक्ति को लगता है

कि उसके संबंधों में टकराव है, तो वह गुस्से के रूप में प्रतिक्रिया दे सकता है।

b. **सामाजिक दबाव:** समाज में कई बार व्यक्ति पर सामाजिक या सांस्कृतिक दबाव होता है, जिससे उसे निराशा और तनाव का सामना करना पड़ता है। यह दबाव उसे अपनी क्षमता से अधिक काम करने के लिए मजबूर करता है, जिससे गुस्सा उत्पन्न हो सकता है।

c. **आर्थिक तनाव:** आर्थिक कठिनाइयों या वित्तीय समस्याओं के कारण व्यक्ति को भारी मानसिक दबाव का सामना करना पड़ सकता है। इस दबाव के परिणामस्वरूप व्यक्ति गुस्से में आ सकता है, खासकर तब जब उसे लगता है कि उसकी आर्थिक स्थिति उसकी मेहनत के अनुसार नहीं है।

d. **शिक्षा और कैरियर की चुनौतियाँ:** शिक्षा या करियर में असफलता या अपेक्षाओं के विपरीत परिणाम गुस्से का कारण बन सकते हैं। जब व्यक्ति को लगता है कि उसकी शिक्षा या नौकरी उसकी उम्मीदों को पूरा नहीं कर रही है, तो वह हताशा में गुस्से का प्रदर्शन कर सकता है।

e. **सामाजिक असमानता:** सामाजिक असमानता या अन्याय का अनुभव करने पर भी गुस्सा उत्पन्न हो सकता है। जब व्यक्ति को लगता है कि उसे समाज में उचित स्थान या सम्मान नहीं मिल रहा है, तो वह गुस्से में आ सकता है।

व्यक्तिगत कारण

a. **आत्मसम्मान की कमी:** कम आत्मसम्मान वाले लोग छोटी-छोटी बातों पर गुस्सा कर सकते हैं क्योंकि वे स्वयं को दूसरों से कमतर महसूस करते हैं। जब उन्हें लगता है कि उन्हें किसी से

मान्यता या सम्मान नहीं मिल रहा है, तो उनका गुस्सा बढ़ सकता है।

b. **असुरक्षा और संदेह:** असुरक्षा और संदेह से भी गुस्सा उत्पन्न हो सकता है। जब व्यक्ति को खुद पर या दूसरों पर संदेह होता है, तो वह गुस्से में प्रतिक्रिया दे सकता है, खासकर जब वह अपने संबंधों में भरोसा खो देता है।

c. **आक्रोश और क्रोध:** कुछ लोग स्वभाव से ही आक्रोशित होते हैं। उनके भीतर संचित क्रोध लगातार उनकी भावनाओं पर प्रभाव डालता है, जिससे छोटी-छोटी बातों पर भी वे गुस्से में आ जाते हैं। यह क्रोध समय के साथ अधिक तीव्र हो सकता है।

d. **असहजता और परेशान:** यदि कोई व्यक्ति किसी विशेष स्थिति या माहौल में असहज महसूस करता है, तो वह गुस्से में आ सकता है। यह असहजता किसी शारीरिक या मानसिक कारण से हो सकती है, जैसे अत्यधिक गर्मी, ठंड, भीड़ या शोर।

e. **व्यक्तिगत लक्ष्यों की असंतुष्टि:** जब व्यक्ति अपने व्यक्तिगत लक्ष्यों को पूरा नहीं कर पाता, तो वह गुस्से में आ सकता है। विफलता से हताशा और निराशा उत्पन्न होती है, जो व्यक्ति के गुस्से का कारण बन सकती है।

f. **अधीरता:** अधीरता भी गुस्से का एक प्रमुख कारण होती है। जब व्यक्ति को लगता है कि वह किसी स्थिति या कार्य में धैर्य नहीं रख पा रहा है, तो वह तुरंत गुस्से में आ सकता है। खासकर जब किसी चीज़ के परिणाम में देरी हो, तो व्यक्ति अपनी अधीरता को गुस्से के रूप में प्रकट करता है।

***

3
गुस्से के प्रकार, प्रतिक्रिया और नुकसान

गुस्से के प्रकार

गुस्से के विभिन्न प्रकारों को समझना महत्वपूर्ण है क्योंकि हर प्रकार का गुस्सा अलग तरीके से प्रकट होता है और उसके पीछे की मानसिकता और परिस्थितियाँ भी भिन्न होती हैं। आइए इन पांच प्रकारों के गुस्से को विस्तार से समझते हैं:

a. **क्रोध:** यह तीव्र और अचानक उत्पन्न होने वाला गुस्सा होता है। यह आमतौर पर किसी अप्रत्याशित या नकारात्मक घटना के तुरंत बाद उत्पन्न होता है, जिसमें व्यक्ति बिना सोचे-समझे त्वरित प्रतिक्रिया करता है। उदाहरण के लिए, जब कोई व्यक्ति अचानक अपमानजनक टिप्पणी सुनता है, या कोई घटना उसकी अपेक्षाओं के विरुद्ध होती है, तो वह बिना समय लिए गुस्से में आ जाता है।

- **विशेषता:** यह गुस्सा तीव्र होता है लेकिन इसका असर लंबे समय तक नहीं रहता। यह सामान्यत: क्षणिक होता है और अक्सर व्यक्ति के नियंत्रण से बाहर होता है।

- **समस्या:** इस तरह का गुस्सा सामने वाले को चोट पहुंचा सकता है और रिश्तों में दरार पैदा कर सकता है, क्योंकि यह बिना किसी पूर्व चेतावनी के अचानक फूटता है।

- **प्रबंधन:** इस प्रकार के गुस्से को नियंत्रित करने के लिए व्यक्ति को अपनी त्वरित प्रतिक्रिया को रोकने और ठहराव

के साथ सोचने का अभ्यास करना चाहिए। कुछ सेकंड का रुकना और गहरी साँस लेना इससे बचने में मदद कर सकता है।

b. **विद्रोह का गुस्सा:** यह गुस्सा तब उत्पन्न होता है जब व्यक्ति को लगता है कि उसके अधिकार, स्वतंत्रता या व्यक्तिगत सीमाओं का उल्लंघन हुआ है। जब किसी को ऐसा महसूस होता है कि उस पर बिना उसकी इच्छा के कुछ थोपा जा रहा है या उसकी स्वतंत्रता को सीमित किया जा रहा है, तो वह विद्रोही गुस्से के रूप में प्रतिक्रिया करता है।

- **विशेषता:** यह गुस्सा किसी पराधीनता या असमानता की स्थिति से उत्पन्न होता है, जहाँ व्यक्ति अपने अधिकारों के लिए खड़ा होना चाहता है। यह गुस्सा आत्मरक्षा का एक रूप हो सकता है।

- **समस्या:** विद्रोही गुस्सा संबंधों में तनाव पैदा कर सकता है, खासकर जब यह अन्य लोगों की सीमाओं को चुनौती देता है। यह कार्यस्थल, परिवार, या सामाजिक ढांचे में विद्रोह या असहमति के रूप में उभर सकता है।

- **प्रबंधन:** इसे सकारात्मक रूप से संभालने के लिए संवाद का सहारा लेना चाहिए। अपनी बात को स्पष्ट और शांतिपूर्ण तरीके से व्यक्त करना विद्रोह के बजाय समस्या का समाधान निकाल सकता है।

c. **आक्रोश:** आक्रोश एक ऐसा गुस्सा है जो लंबे समय तक दबा रहता है और व्यक्ति को लगातार असंतोष या अन्याय का सामना करने पर उत्पन्न होता है। यह धीरे-धीरे जमा होता है और एक समय पर विस्फोट के रूप में सामने आ सकता है।

- **विशेषता:** यह गुस्सा धीरे-धीरे बढ़ता है और अक्सर व्यक्ति इसे अनदेखा करने या दबाने की कोशिश करता है। जब असंतोष बार-बार होता है, तो व्यक्ति इसे अपने भीतर संग्रहीत करता रहता है।

- **समस्या:** आक्रोश दीर्घकालिक मानसिक और शारीरिक स्वास्थ्य समस्याएं पैदा कर सकता है। यह व्यक्ति के स्वभाव को आक्रामक बना सकता है और अनावश्यक तनाव पैदा कर सकता है। समय के साथ आक्रोश रिश्तों में दरार डाल सकता है।

- **प्रबंधन:** इस प्रकार के गुस्से को नियंत्रित करने के लिए व्यक्ति को अपनी भावनाओं को साझा करना और स्वस्थ तरीके से उन्हें व्यक्त करना सीखना चाहिए। नियमित संवाद, स्व-चिंतन और योग-ध्यान जैसी गतिविधियाँ इसे संभालने में मदद कर सकती हैं।

d. **आंतरिक गुस्सा:** यह वह गुस्सा है जिसे व्यक्ति अपने अंदर दबा कर रखता है और इसे बाहर प्रकट नहीं करता। आंतरिक गुस्सा व्यक्ति के मानसिक और भावनात्मक स्वास्थ्य के लिए बेहद हानिकारक हो सकता है, क्योंकि यह धीरे-धीरे मानसिक तनाव, उदासी, और असंतोष की भावना को बढ़ावा देता है।

- **विशेषता:** इस प्रकार के गुस्से में व्यक्ति अपनी भावनाओं को बाहर व्यक्त नहीं करता, बल्कि उन्हें भीतर ही दबा लेता है। इसे छिपाने का प्रयास किया जाता है, लेकिन यह अंदर ही अंदर मानसिक संघर्ष का कारण बनता है।

- **समस्या:** आंतरिक गुस्सा लंबे समय तक जमा रहने पर अवसाद, चिंता और स्वास्थ्य संबंधी समस्याओं, जैसे उच्च रक्तचाप या हृदय रोग का कारण बन सकता है। यह

व्यक्ति को मानसिक रूप से कमजोर और असंतुष्ट बना सकता है।

- **प्रबंधन:** इस प्रकार के गुस्से को छोड़ने और अपनी भावनाओं को स्वस्थ तरीके से व्यक्त करने की आवश्यकता होती है। व्यक्ति को चाहिए कि वह अपनी भावनाओं को किसी करीबी या मानसिक स्वास्थ्य पेशेवर के साथ साझा करे और उनके प्रति जागरूक बने।

e. **व्यंग्यात्मक गुस्सा:** व्यंग्यात्मक गुस्सा वह स्थिति होती है जब व्यक्ति अपनी नाराजगी या गुस्से को सीधा व्यक्त करने के बजाय व्यंग्य या ताने के रूप में व्यक्त करता है। यह गुस्से का एक अप्रत्यक्ष रूप होता है, जहाँ व्यक्ति दूसरों को खुलकर नहीं बताता कि वह वास्तव में गुस्से में है।

- **विशेषता:** व्यंग्यात्मक गुस्से में व्यक्ति गुस्से को मज़ाक, कटाक्ष, या ताने के रूप में व्यक्त करता है। यह दिखने में हल्का लग सकता है, लेकिन यह दूसरे व्यक्ति के लिए हानिकारक हो सकता है।

- **समस्या:** यह गुस्से का अस्वास्थ्यकर रूप है, क्योंकि इससे संवाद में स्पष्टता की कमी होती है और रिश्तों में गलतफहमियाँ पैदा हो सकती हैं। यह किसी के मन को चोट पहुँचा सकता है और भावनात्मक दूरी बना सकता है।

- **प्रबंधन:** व्यक्ति को अपनी भावनाओं को सीधे और स्पष्ट रूप से व्यक्त करने की आदत डालनी चाहिए। व्यंग्य के बजाय, स्वस्थ और सकारात्मक संवाद द्वारा अपनी नाराजगी को साझा करना अधिक फायदेमंद होता है।

इन सभी प्रकार के गुस्सों को समझना और उनका सही समय पर प्रबंधन करना जरूरी है ताकि व्यक्ति अपनी भावनाओं को बेहतर तरीके से संभाल सके और खुद को और दूसरों को हानि पहुंचाने से बच सके।

गुस्से की प्रतिक्रिया

गुस्से की प्रतिक्रिया चार स्तरों पर देखी जा सकती है: शारीरिक, मानसिक, भावनात्मक, और व्यवहारिक। इन सभी प्रतिक्रियाओं काआपस में गहरा संबंध होता है और ये व्यक्ति के गुस्से को कैसे प्रकट और नियंत्रित किया जाता है, यह दर्शाती हैं। आइए इन प्रतिक्रियाओं को विस्तार से समझते हैं:

a. **शारीरिक प्रतिक्रिया:** गुस्से के समय शरीर में कई महत्वपूर्ण शारीरिक परिवर्तन होते हैं, जो शरीर की स्वाभाविक लड़ाई या भागने (fight or flight) की प्रतिक्रिया को दर्शाते हैं। यह प्रतिक्रिया मानव विकास का हिस्सा है, जो व्यक्ति को संभावित खतरे या चुनौती से निपटने के लिए तैयार करती है।

- **हृदय गति का बढ़ना:** जब गुस्सा आता है, तो शरीर में एड्रेनालिन और अन्य तनाव हार्मोन स्रावित होते हैं, जिससे हृदय तेजी से धड़कने लगता है। इससे रक्त का प्रवाह बढ़ जाता है, जो मस्तिष्क और मांसपेशियों तक अधिक ऑक्सीजन पहुँचाता है।

- **रक्तचाप बढ़ना:** गुस्से में रक्तचाप भी तेजी से बढ़ता है, जिससे व्यक्ति को अधिक ऊर्जा महसूस होती है। यह प्रतिक्रिया शरीर को त्वरित क्रिया के लिए तैयार करती है।

- **मांसपेशियों का तनाव:** गुस्से के दौरान मांसपेशियाँ तन जाती हैं, जिससे शरीर शारीरिक संघर्ष या प्रतिक्रिया के

लिए तैयार होता है। यह तनाव कभी-कभी व्यक्ति के चेहरे या हाथों में स्पष्ट रूप से देखा जा सकता है।

- **तेज़ श्वास:** व्यक्ति की श्वास दर तेज हो जाती है ताकि अधिक ऑक्सीजन शरीर में प्रवेश कर सके। इससे व्यक्ति को तेजी से प्रतिक्रिया करने में मदद मिलती है।
- **पाचन तंत्र में बदलाव:** शरीर के "fight or flight" मोड में जाने के कारण पाचन क्रिया धीमी हो जाती है, क्योंकि शरीर की प्राथमिकता तत्काल खतरे से निपटने की होती है।

b. **मानसिक प्रतिक्रिया:** गुस्से का मानसिक पहलू व्यक्ति के सोचने-समझने के तरीके को गहराई से प्रभावित करता है। गुस्से में व्यक्ति की सोचने की क्षमता तात्कालिक हो जाती है और वह संभावित खतरों पर अधिक ध्यान केंद्रित करता है।

- **ध्यान केंद्रित होना:** गुस्से के समय व्यक्ति का ध्यान सामान्य चीजों से हटकर समस्या या उस कारण पर जाता है, जिसने गुस्से को उकसाया है। इस स्थिति में व्यक्ति की ध्यान शक्ति बढ़ जाती है, लेकिन वह केवल समस्या के नकारात्मक पक्ष पर केंद्रित हो सकता है।
- **कठोर सोच:** गुस्से में व्यक्ति की सोच में कठोरता आ जाती है। वह अन्य लोगों की भावनाओं और दृष्टिकोण को समझने की बजाय अपनी स्थिति पर जोर देने लगता है। इससे उसकी सोच में लचीलापन कम हो जाता है।
- **निर्णय क्षमता का प्रभावित होना:** गुस्से में व्यक्ति त्वरित निर्णय लेने की कोशिश करता है, जो कभी-कभी गलत भी हो सकते हैं। इस स्थिति में निर्णय आमतौर पर तर्क पर

आधारित नहीं होते, बल्कि भावनाओं के प्रभाव में लिए जाते हैं।

- **नकारात्मकता पर ध्यान:** गुस्से में व्यक्ति केवल नकारात्मक पहलुओं को देखता है। यह मानसिक प्रतिक्रिया व्यक्ति को और अधिक गुस्से में ला सकती है, क्योंकि वह सकारात्मक पक्षों को नजरअंदाज कर देता है।

c. **भावनात्मक प्रतिक्रिया:** गुस्से के समय व्यक्ति की भावनाएँ तीव्र और प्रबल हो जाती हैं। ये भावनाएँ अस्थिर होती हैं और व्यक्ति को अपने भावनात्मक संतुलन को बनाए रखने में कठिनाई हो सकती है।

- **भावनाओं की तीव्रता:** गुस्से के समय व्यक्ति की भावनाएँ तेज़ हो जाती हैं और वह अपनी भावनाओं को नियंत्रित करने में कठिनाई महसूस करता है। इस स्थिति में व्यक्ति जल्दी उत्तेजित हो सकता है और उसे अपनी भावनाओं पर काबू पाना मुश्किल हो जाता है।

- **नियंत्रण की कमी:** भावनात्मक रूप से व्यक्ति को यह महसूस हो सकता है कि उसके ऊपर गुस्से का नियंत्रण हो गया है, और वह अपने कार्यों को नियंत्रित नहीं कर पा रहा है। इससे उसकी प्रतिक्रियाएँ अनियंत्रित हो जाती हैं।

- **फ्रस्टेशन और तनाव:** गुस्से के कारण व्यक्ति गहरी निराशा और तनाव का अनुभव कर सकता है। यह तनाव उसकी भावनात्मक स्थिति को और बिगाड़ सकता है, जिससे वह और अधिक चिड़चिड़ा और नकारात्मक हो जाता है।

d. व्यवहारिक प्रतिक्रिया: गुस्से के समय व्यक्ति का व्यवहार आक्रामक और नकारात्मक हो सकता है। यह प्रतिक्रिया अक्सर अनियंत्रित होती है और बाहरी तौर पर व्यक्त की जाती है।

- **आक्रामक व्यवहार:** गुस्से में व्यक्ति चिल्ला सकता है, अपशब्द कह सकता है, या शारीरिक हिंसा पर उतर सकता है। यह आक्रामकता उसकी मानसिक और भावनात्मक स्थिति को दर्शाती है, और कभी-कभी यह प्रतिक्रिया दूसरों के लिए नुकसानदायक हो सकती है।
- **विनाशकारी कार्य:** कुछ लोग गुस्से में चीजों को तोड़ने या नुकसान पहुँचाने की प्रवृत्ति रखते हैं। यह उनकी प्रतिक्रिया को और अधिक हिंसक बनाता है, जिससे व्यक्ति खुद या अन्य को चोट पहुँचा सकता है।
- **चुप्पी और अलगाव:** कुछ लोग गुस्से में आकर चुप हो जाते हैं और दूसरों से दूरी बना लेते हैं। यह प्रतिक्रिया आंतरिक गुस्से का एक रूप हो सकती है, जिसमें व्यक्ति अपनी भावनाओं को भीतर दबाता है।
- **समाज से दूरी:** गुस्से में व्यक्ति दूसरों से दूरी बना सकता है या समाज से खुद को अलग कर सकता है, जिससे वह सामाजिक रूप से अलग-थलग महसूस करने लगता है।

इन सभी प्रतिक्रियाओं को समझने और प्रबंधित करने से व्यक्ति अपने गुस्से पर बेहतर नियंत्रण पा सकता है और उसे एक स्वस्थ दिशा में बदल सकता है। गुस्से की प्रतिक्रिया को सकारात्मक रूप में बदलने के लिए आत्म-जागरूकता, तनाव प्रबंधन, और स्वस्थ संवाद आवश्यक होते हैं।

गुस्से के नुकसान

गुस्सा, अगर सही तरीके से प्रबंधित नहीं किया जाए, तो यह हमारे शारीरिक, मानसिक, और सामाजिक स्वास्थ्य पर गंभीर नकारात्मक प्रभाव डाल सकता है। यह न केवल व्यक्ति के अपने जीवन को प्रभावित करता है, बल्कि उसके आस-पास के लोगों और समाज के साथ उसके संबंधों पर भी बुरा असर डालता है। गुस्से के प्रभावों को समझना और उसे नियंत्रित करना आवश्यक है, ताकि व्यक्ति के जीवन की गुणवत्ता को बनाए रखा जा सके।

a. **शारीरिक स्वास्थ्य पर गुस्से का प्रभाव:** गुस्सा शारीरिक स्वास्थ्य पर गंभीर और दीर्घकालिक प्रभाव डाल सकता है। यहाँ कुछ प्रमुख शारीरिक समस्याएं दी गई हैं, जो अत्यधिक और अनियंत्रित गुस्से के कारण उत्पन्न हो सकती हैं:

- **उच्च रक्तचाप:** गुस्से के समय शरीर में "लड़ाई या भागने" (fight or flight) प्रतिक्रिया सक्रिय हो जाती है, जिससे हृदय की धड़कन तेज हो जाती है और रक्तचाप बढ़ जाता है। यदि गुस्से की स्थिति बार-बार उत्पन्न होती है, तो यह दीर्घकालिक उच्च रक्तचाप का कारण बन सकती है। उच्च रक्तचाप हृदय रोग, स्ट्रोक, और अन्य गंभीर स्वास्थ्य समस्याओं का जोखिम बढ़ा सकता है।

- **हृदय रोग:** गुस्से के दौरान एड्रेनालाईन और अन्य तनाव हार्मोन का स्तर बढ़ जाता है, जो हृदय पर अत्यधिक दबाव डालता है। लंबे समय तक अत्यधिक गुस्सा करने से हृदय पर अतिरिक्त भार पड़ता है, जिससे हृदय रोग, अतालता (arrhythmia), और यहां तक कि दिल का दौरा पड़ने का खतरा बढ़ जाता है। कुछ अध्ययन बताते हैं कि अत्यधिक

गुस्से के दौरान दिल का दौरा पड़ने का जोखिम सामान्य से कई गुना अधिक हो सकता है।

- **प्रतिरक्षा प्रणाली में गिरावट:** अत्यधिक गुस्से के कारण तनाव हार्मोन का लगातार बढ़ा हुआ स्तर प्रतिरक्षा प्रणाली को कमजोर कर सकता है। इससे व्यक्ति बार-बार बीमारियों का शिकार हो सकता है, और उसका शरीर संक्रमणों से लड़ने में कमजोर हो सकता है। लंबे समय तक यह स्थिति बनी रहे, तो गंभीर स्वास्थ्य समस्याएं उत्पन्न हो सकती हैं।

- **गैस्ट्रोइंटेस्टाइनल समस्याएं:** गुस्सा पाचन तंत्र को भी प्रभावित कर सकता है। अत्यधिक गुस्से के कारण एसिडिटी, अपच, अल्सर, और अन्य पेट की समस्याएं हो सकती हैं। लंबे समय तक गुस्से में रहने वाले लोग अक्सर इरिटेबल बाउल सिंड्रोम (IBS) या अन्य पाचन संबंधी समस्याओं का अनुभव कर सकते हैं।

- **मांसपेशियों में तनाव:** गुस्से के समय व्यक्ति की मांसपेशियां तंग हो जाती हैं, खासकर गर्दन, कंधे और पीठ की मांसपेशियों में। अगर यह स्थिति बार-बार हो, तो यह स्थायी दर्द, सिरदर्द और मांसपेशियों में अकड़न जैसी समस्याओं का कारण बन सकता है।

- **नींद की समस्याएं:** गुस्से की वजह से नींद में बाधा आ सकती है। जो लोग गुस्से में रहते हैं, उन्हें नींद आने में दिक्कत हो सकती है, और वे अनिद्रा (insomnia) का शिकार हो सकते हैं। नींद की कमी अन्य शारीरिक और मानसिक समस्याओं को जन्म दे सकती है, जैसे थकान, चिड़चिड़ापन, और ध्यान केंद्रित करने में कठिनाई।

b. मानसिक स्वास्थ्य पर गुस्से का प्रभाव: गुस्सा व्यक्ति के मानसिक स्वास्थ्य को भी बुरी तरह प्रभावित कर सकता है। यह मानसिक विकारों, भावनात्मक अस्थिरता, और अन्य मानसिक समस्याओं का कारण बन सकता है:

- **अवसाद:** गुस्सा और अवसाद के बीच गहरा संबंध होता है। जो लोग अपने गुस्से को ठीक से व्यक्त नहीं कर पाते, वे अंदर ही अंदर इसे दबाते हैं, जो अवसाद का कारण बन सकता है। अवसादग्रस्त व्यक्ति अक्सर निराशा, थकान, और जीवन के प्रति नकारात्मक दृष्टिकोण का अनुभव करता है। यह स्थिति धीरे-धीरे आत्मघाती विचारों की ओर भी ले जा सकती है।

- **चिंता और तनाव:** गुस्सा और तनाव एक-दूसरे से जुड़े होते हैं। जब व्यक्ति बार-बार गुस्सा करता है, तो उसका मानसिक तनाव बढ़ता है, जिससे चिंता विकार उत्पन्न हो सकते हैं। चिंता की स्थिति में व्यक्ति हमेशा भयभीत और चिंतित रहता है, और उसका मानसिक संतुलन बिगड़ सकता है।

- **आत्म-नियंत्रण की कमी:** गुस्से में व्यक्ति का आत्म-नियंत्रण कमजोर हो जाता है। वह अपने विचारों, भावनाओं, और व्यवहारों पर नियंत्रण खो सकता है। इससे वह गलत निर्णय ले सकता है, असमय प्रतिक्रिया कर सकता है, और अपने जीवन में नकारात्मक परिणामों का सामना कर सकता है।

- **चिड़चिड़ापन और मूड स्विंग्स:** गुस्से में व्यक्ति अधिक चिड़चिड़ा और अस्थिर हो सकता है। उसकी भावनाएं बार-बार बदल सकती हैं, और वह छोटी-छोटी बातों पर भी नाराज हो सकता है। यह भावनात्मक अस्थिरता उसके जीवन की गुणवत्ता को प्रभावित कर सकती है।

c. **सामाजिक स्वास्थ्य पर गुस्से का प्रभाव:** गुस्से का सामाजिक स्वास्थ्य पर भी नकारात्मक प्रभाव पड़ता है। यह व्यक्ति के रिश्तों, समाज में उसकी प्रतिष्ठा, और उसकी सामाजिक स्थिति को प्रभावित कर सकता है:

- **रिश्तों में दरार:** गुस्सा और आक्रामकता रिश्तों में दरार डाल सकती है। जब व्यक्ति बार-बार गुस्सा करता है, तो उसके साथी, परिवार, और मित्र उससे दूर हो सकते हैं। यह गुस्सा लड़ाई-झगड़े, गलतफहमियों, और रिश्तों के टूटने का कारण बन सकता है। व्यक्ति का गुस्सा दूसरों के प्रति असम्मान और कटुता का भाव उत्पन्न कर सकता है, जिससे रिश्तों में दरार आ सकती है।

- **सामाजिक अलगाव:** गुस्से में रहने वाला व्यक्ति धीरे-धीरे सामाजिक रूप से अलग-थलग पड़ सकता है। उसके आक्रामक व्यवहार के कारण लोग उससे दूर होने लगते हैं, और वह अकेला महसूस करने लगता है। यह सामाजिक अलगाव मानसिक स्वास्थ्य को और बिगाड़ सकता है, और व्यक्ति अवसाद और चिंता का शिकार हो सकता है।

- **पेशेवर जीवन पर प्रभाव:** गुस्से का प्रभाव व्यक्ति के पेशेवर जीवन पर भी पड़ सकता है। जब व्यक्ति कार्यस्थल पर गुस्से में रहता है, तो उसकी कार्यक्षमता कम हो जाती है। वह अपने सहकर्मियों के साथ सही से काम नहीं कर पाता, और उसकी नौकरी खतरे में पड़ सकती है। इसके अलावा, गुस्से में लिया गया कोई गलत निर्णय पेशेवर जीवन में गंभीर परिणाम दे सकता है।

- **कानूनी समस्याएं:** गुस्से में किया गया कोई आक्रामक या हिंसक कार्य कानूनी समस्याओं का कारण बन सकता है। यदि

व्यक्ति गुस्से में किसी पर हमला करता है, संपत्ति को नुकसान पहुंचाता है, या किसी अन्य प्रकार की हिंसा करता है, तो उसे कानूनी कार्यवाही का सामना करना पड़ सकता है। इससे उसकी सामाजिक स्थिति और भविष्य दोनों पर गंभीर असर पड़ सकता है।

***

4
गुस्सा और शारीरिक परिवर्तन

गुस्सा एक जटिल भावना है, जो हमारे मानसिक, शारीरिक और सामाजिक जीवन को प्रभावित करती है। यह केवल एक सामान्य प्रतिक्रिया नहीं है, बल्कि इसका प्रभाव हमारे दिमाग, शरीर और संबंधों पर गहराई तक पड़ता है। गुस्से के दौरान हमारे मस्तिष्क और शरीर में रासायनिक व हार्मोनल बदलाव होते हैं, जो "लड़ो या भागो" (fight or flight) जैसी स्वाभाविक प्रतिक्रिया को सक्रिय करते हैं। यह प्रक्रिया स्वायत्त तंत्रिका तंत्र द्वारा नियंत्रित होती है। गुस्से की उत्पत्ति मस्तिष्क में होने वाले रासायनिक परिवर्तनों, तनाव के प्रति हमारी प्रतिक्रिया और भावनात्मक ट्रिगर्स से होती है। यह समझने के लिए कि यह भावना कैसे काम करती है और हमारे व्यवहार को किस तरह प्रभावित करती है, हमें इसके शारीरिक और मानसिक पहलुओं की गहराई में जाना होगा।

मस्तिष्क में परिवर्तन

a. **एमिग्डाला:** यह मस्तिष्क का वह हिस्सा है जो भावनाओं, विशेषकर डर और गुस्से के प्रति प्रतिक्रिया के लिए जिम्मेदार होता है।

- गुस्से की स्थिति में, एमिग्डाला आक्रमकता का आभास कर तुरंत प्रतिक्रिया देता है।

- यह प्रतिक्रिया अक्सर तर्कहीन होती है क्योंकि एमिग्डाला प्रीफ्रंटल कॉर्टेक्स को अनदेखा कर देता है।
- **उदाहरण:** किसी के अपमानजनक टिप्पणी करने पर एमिग्डाला तुरंत गुस्से की भावना को सक्रिय कर देता है।

b. **हाइपोथैलेमस:** यह मस्तिष्क का वह हिस्सा है जो स्वायत्त तंत्रिका तंत्र को नियंत्रित करता है।

- गुस्से के समय, यह सहानुभूकीय तंत्रिका तंत्र (Sympathetic Nervous System) को सक्रिय करता है, जो शरीर को "लड़ो या भागो" प्रतिक्रिया के लिए तैयार करता है।
- यह एड्रिनल ग्रंथियों को हार्मोन (एड्रेनालिन और नॉरएड्रेनालिन) छोड़ने का संकेत देता है, जिससे दिल की धड़कन बढ़ जाती है और मांसपेशियां तैयार हो जाती हैं।
- पूरी प्रक्रिया कुछ ही सेकंड में होती है।

c. **प्रीफ्रंटल कॉर्टेक्स:** यह मस्तिष्क का वह हिस्सा है जो निर्णय लेने, समस्या सुलझाने, और भावनाओं को नियंत्रित करने के लिए जिम्मेदार होता है।

- गुस्से के दौरान, प्रीफ्रंटल कॉर्टेक्स की गतिविधि कम हो जाती है, जिससे व्यक्ति तर्कहीन तरीके से प्रतिक्रिया करता है।
- **उदाहरण:** झगड़े के दौरान बिना सोचे-समझे किसी पर चिल्ला देना।

हार्मोनल परिवर्तन

a. **एड्रेनालिन:** यह हार्मोन शरीर को अलर्ट और तैयार करता है। यह हृदय गति को बढ़ाता है, रक्तचाप बढ़ाता है, और मांसपेशियों को तुरंत ऊर्जा प्रदान करता है।

b. **नॉरएड्रेनालिन:** यह ध्यान और फोकस को तेज करता है, जिससे व्यक्ति खतरे को तुरंत पहचान सके।

c. **कॉर्टिसोल:** यह "स्ट्रेस हार्मोन" है, जो गुस्से के समय शरीर को ऊर्जा प्रदान करने के लिए रक्त शर्करा (ब्लड शुगर) के स्तर को बढ़ाता है। लंबे समय तक उच्च कॉर्टिसोल का स्तर हृदय रोग, मोटापा और चिंता जैसी समस्याएं पैदा कर सकता है। यदि गुस्सा बार-बार आता है, तो यह शरीर को लगातार "स्ट्रेस मोड" में रखता है।

d. **डोपामिन:** यह हार्मोन गुस्से में उत्तेजना बढ़ाता है, जिससे आक्रामकता अधिक हो सकती है।

e. **सेरोटोनिन:** गुस्से के समय इसका स्तर कम हो जाता है, जिससे गुस्से को नियंत्रित करना मुश्किल हो जाता है।

शारीरिक परिवर्तन

a. **दिल की धड़कन तेज होना:** गुस्से के समय हृदय तेजी से पंप करता है ताकि मांसपेशियों और मस्तिष्क को अधिक ऑक्सीजन और ऊर्जा मिल सके। इसका उद्देश्य शरीर को किसी भी चुनौतीपूर्ण स्थिति से निपटने के लिए तैयार करना है।

b. **सांसों की गति तेज होना:** गुस्से के समय श्वसन दर बढ़ जाती है ताकि अधिक ऑक्सीजन प्राप्त हो सके। यह मांसपेशियों और मस्तिष्क को ऊर्जावान बनाता है।

c. **मांसपेशियों का तनाव:** गुस्से के समय मांसपेशियां, खासकर कंधे, गर्दन, और जबड़े की, तनाव में आ जाती हैं। यह शरीर को "लड़ने" के लिए तैयार करता है। यदि यह तनाव लंबे समय तक बना रहे, तो मांसपेशियों में दर्द या थकावट हो सकती है।

d. **पाचन प्रक्रिया धीमी होना:** गुस्से के दौरान शरीर पाचन तंत्र की प्रक्रिया को धीमा कर देता है, क्योंकि रक्त प्रवाह मांसपेशियों और मस्तिष्क की ओर मोड़ दिया जाता है। यही कारण है कि गुस्से में भूख कम लगती है।

e. **त्वचा और पसीना:** गुस्से के समय त्वचा लाल हो जाती है क्योंकि रक्त प्रवाह सतह की ओर बढ़ जाता है। अधिक पसीना निकलता है ताकि शरीर को ठंडा रखा जा सके।

f. **उच्च रक्तचाप:** बार-बार गुस्से में रहना रक्तचाप को बढ़ा सकता है, जिससे हृदय पर दबाव बढ़ता है। यह स्ट्रोक और हृदय रोग का जोखिम बढ़ाता है।

g. **हृदय रोग:** गुस्से के समय लगातार उच्च एड्रेनालिन और कॉर्टिसोल स्तर हृदय को कमजोर बना सकते हैं। लंबे समय तक गुस्से में रहने से दिल का दौरा हो सकता है।

h. **प्रतिरक्षा प्रणाली की कमजोरी:** लगातार स्ट्रेस हार्मोन का स्राव शरीर की प्रतिरक्षा प्रणाली को कमजोर कर देता है। इससे संक्रमण या बीमारियों का खतरा बढ़ जाता है।

i. **मानसिक समस्याएं:** गुस्से का बार-बार अनुभव, अवसाद और अन्य मानसिक विकारों को जन्म दे सकता है।

गुस्से के समय मस्तिष्क और शरीर में होने वाले ये बदलाव हमें "लड़ो या भागो" की स्थिति के लिए तैयार करते हैं। हालांकि, इन्हें समझकर और गुस्से को नियंत्रित करने के लिए तकनीकों का अभ्यास करके हम इन प्रभावों को कम कर सकते हैं। गहरी साँसें लेना, तनाव प्रबंधन तकनीकों का उपयोग करना और जीवनशैली में सुधार करना, गुस्से के दुष्प्रभावों को कम करने में मददगार हो सकता है।

***

5

अपमान का प्रभाव और उबरने का महत्व

मनुष्य एक सामाजिक प्राणी है, और समाज में रहकर हमें अक्सर अलग-अलग प्रकार की परिस्थितियों का सामना करना पड़ता है। इनमें से कुछ परिस्थितियाँ हमारी भावनाओं को ठेस पहुँचा सकती हैं, जैसे अपमान। अपमान एक ऐसा अनुभव है जो न केवल हमारी भावनाओं को चोट पहुँचाता है, बल्कि हमारे आत्मविश्वास, मानसिक शांति और आत्मसम्मान पर भी गहरा प्रभाव डालता है।

अपमान का प्रभाव अल्पकालिक या दीर्घकालिक हो सकता है, और इससे उबरना हर व्यक्ति के लिए एक चुनौतीपूर्ण कार्य होता है। अपमान से निपटने और उसे भूलने के लिए आत्ममूल्यांकन, क्षमा, और आत्मनिर्भरता जैसे कदम आवश्यक हैं।

➢ अपमान को समझें: यह क्यों और कैसे होता है?

अपमान अक्सर दूसरों की नकारात्मकता, असंतोष, या असुरक्षा का परिणाम होता है। कई बार यह अनजाने में होता है, और कई बार जानबूझकर। अपमान के पीछे के कुछ प्रमुख कारण हो सकते हैं:

- **दूसरों की असुरक्षा:** जो लोग खुद से असुरक्षित महसूस करते हैं, वे अक्सर दूसरों को नीचा दिखाने की कोशिश करते हैं।

- **गलतफहमी:** कई बार शब्दों या कार्यों को गलत तरीके से समझा जाता है, जो अपमान का कारण बनता है।

- **स्वार्थ या अहंकार:** कुछ लोग अपने स्वार्थ या अहंकार को बढ़ावा देने के लिए दूसरों का अपमान करते हैं।

- **संवेदनशीलता:** कभी-कभी हमारी खुद की संवेदनशीलता इतनी अधिक होती है कि हम सामान्य आलोचना को भी अपमान समझ लेते हैं।

अपमान को समझना और उसके पीछे की मंशा को पहचानना महत्वपूर्ण है। यह प्रक्रिया हमें अपमान से प्रभावित होने से बचाने में मदद कर सकती है।

➢ अपमान के तुरंत बाद की प्रतिक्रिया

अपमान का सामना करने के बाद हमारी प्रतिक्रिया ही यह तय करती है कि इसका हमारे ऊपर क्या असर होगा।

❖ **शांत रहें:** अपमान के तुरंत बाद गुस्सा या प्रतिक्रिया देने से बचें। यह स्थिति को और बिगाड़ सकता है। गहरी साँस लें और खुद को शांत करने की कोशिश करें।

❖ **स्थिति का मूल्यांकन करें:** अपमान की वजह को समझने की कोशिश करें। सोचें कि:-

- *क्या यह जानबूझकर किया गया था?*

- *क्या यह किसी गलतफहमी का नतीजा है?*

- क्या यह व्यक्ति की अपनी सीमित सोच का परिणाम है?

- ❖ **आत्मसंयम बनाए रखें:** भावनाओं में बहकर आप ऐसा कुछ न करें जिससे आपको बाद में पछतावा हो। संयमित प्रतिक्रिया ही आपकी परिपक्वता को दर्शाती है।

➢ अपमान से उबरने के उपाय

- ❖ **भावनाओं को स्वीकारें:** अपमान के बाद की भावनाओं को दबाने की बजाय उन्हें समझें। यह स्वाभाविक है कि आपको दुख, गुस्सा या शर्म महसूस हो। इन्हें व्यक्त करने के लिए किसी भरोसेमंद व्यक्ति से बात करें या अपनी भावनाओं को लिखें।

- ❖ **आत्ममूल्यांकन करें:** सोचें कि क्या आपमें कोई ऐसी कमी है जिसे सुधारने की जरूरत है। अगर अपमान आपकी किसी गलती की वजह से हुआ है, तो इसे एक सकारात्मक अवसर के रूप में लें।

- ❖ **माफी और क्षमा का अभ्यास करें:** अगर अपमान अनजाने में हुआ है, तो उसे माफ करने की कोशिश करें। माफ करना आपके मन को शांति देगा।

- ❖ **स्वस्थ मानसिकता विकसित करें:** दूसरों की नकारात्मकता को खुद पर हावी न होने दें। याद रखें कि आपका मूल्य दूसरों की राय पर निर्भर नहीं करता

❖ समर्थन और मार्गदर्शन लें: दोस्तों, परिवार या किसी मानसिक स्वास्थ्य विशेषज्ञ से मदद लें। किसी के साथ अपनी बात साझा करना मानसिक बोझ को कम करता है।

➢ **अपमान को भूलने और आगे बढ़ने के उपाय**

❖ **पॉजिटिव सोच को अपनाएं:** अपनी अच्छाइयों और उपलब्धियों पर ध्यान दें। जब आप खुद को सशक्त महसूस करेंगे, तो अपमान का प्रभाव स्वतः कम हो जाएगा।

❖ **ध्यान और योग का अभ्यास करें:** ध्यान और योग आपके मन को शांत करने और नकारात्मकता से उबरने में मदद करते हैं। नियमित रूप से इनका अभ्यास करें।

❖ **रचनात्मक गतिविधियों में समय बिताएं:** पढ़ाई, लेखन, संगीत, या किसी भी रचनात्मक कार्य में अपनी ऊर्जा लगाएं। यह न केवल ध्यान भटकाने में मदद करेगा, बल्कि आपको मानसिक रूप से मजबूत भी बनाएगा।

❖ **समय के साथ भरोसा रखें:** समय सबसे बड़ा मरहम है। जैसे-जैसे समय बीतेगा, अपमान का प्रभाव कम होता जाएगा। खुद को यह भरोसा दिलाएं कि यह क्षणिक है।

➢ **अपमान से मिली सीख का उपयोग करें**

हर अनुभव हमें कुछ न कुछ सिखाता है। अपमान से भी हमें कुछ सबक मिलते हैं:

- अपने आत्मसम्मान को बनाए रखना।

- दूसरों की नकारात्मकता से प्रभावित न होना।

- धैर्य और सहनशीलता को विकसित करना।

- दूसरों के प्रति अधिक संवेदनशील और दयालु बनना।

अपमान से उबरना और उसे भूलना हर व्यक्ति के लिए एक अलग यात्रा है। यह आत्मनिरीक्षण, धैर्य, और सकारात्मक दृष्टिकोण का परिणाम है। याद रखें, आपकी पहचान आपके काम और मूल्यों से बनती है, न कि किसी के द्वारा की गई आलोचना या अपमान से।

अपने आत्मसम्मान और मानसिक शांति को प्राथमिकता दें, और जीवन में आगे बढ़ें। अपमान का अनुभव आपकी शक्ति और परिपक्वता को निखारने का एक अवसर बन सकता है।

***

6

गुस्से का व्यक्तित्व से सम्बन्ध

गुस्सा व्यक्ति के स्वभाव और व्यक्तित्व से गहरे तौर पर जुड़ा होता है। प्रत्येक व्यक्ति का व्यक्तित्व उसके जीवन के अनुभवों, आनुवांशिक गुणों, और सामाजिक परिस्थितियों का मिश्रण होता है। किसी व्यक्ति का गुस्से पर नियंत्रण उसकी मानसिकता, भावनात्मक स्थिति और उसके व्यक्तित्व के प्रकार पर निर्भर करता है। कुछ व्यक्तित्व प्रकार के लोग गुस्से का अधिक अनुभव करते हैं, जबकि कुछ अन्य इसे प्रभावी ढंग से प्रबंधित कर पाते हैं।

गुस्से को समझने और प्रबंधित करने में व्यक्तित्व प्रकार और भावनात्मक बुद्धिमत्ता (Emotional Intelligence - EI) की महत्वपूर्ण भूमिका होती है।कुछ व्यक्तित्व वाले लोग स्वभाव से अधिक गुस्सैल होते हैं, जबकि अन्य लोग शांत और संयमी होते हैं। आइए व्यक्तित्व के प्रकारों और गुस्से के साथ उनके संबंधों को विस्तार से समझते हैं।

व्यक्तित्व के प्रकार और गुस्से के साथ उनका संबंध

विभिन्न प्रकार के व्यक्तित्व वाले लोग अलग-अलग तरीके से गुस्से का अनुभव और प्रबंधन करते हैं। यहाँ व्यक्तित्व के कुछ सामान्य प्रकारों और उनके गुस्से से संबंध को समझाया गया है:

❖ **A प्रकार का व्यक्तित्व:** प्रकार A व्यक्तित्व के लोग महत्वाकांक्षी, प्रतिस्पर्धी, और समय के प्रति बेहद सचेत होते हैं। ऐसे लोग अक्सर तनाव में रहते हैं और छोटी-छोटी बातों पर गुस्सा हो सकते हैं। ये लोग जल्दी से नाराज हो जाते हैं और कई बार

अपनी नाराजगी को तुरंत व्यक्त कर देते हैं। इस प्रकार के लोग आमतौर पर तीव्र और आक्रामक व्यवहार करते हैं।

- ❖ **गुस्से के कारण:** तनाव और समय की कमी, असफलता का डर, दूसरे लोगों से प्रतिस्पर्धा, काम का अत्यधिक बोझ इत्यादि।

- ❖ **गुस्से का प्रबंधन:** प्रकार A व्यक्तित्व वाले लोगों को तनाव कम करने और अपने काम के बोझ को व्यवस्थित करने की आवश्यकता होती है। इन्हें अपनी भावनाओं को शांत करने के लिए विश्राम तकनीकों और ध्यान का अभ्यास करना चाहिए।

- ❖ **B प्रकार का व्यक्तित्व:** प्रकार B व्यक्तित्व वाले लोग शांत, धैर्यवान और अधिक संतुलित होते हैं। ऐसे लोग बहुत कम गुस्सा करते हैं और भावनाओं को शांतिपूर्वक व्यक्त करते हैं। ये लोग ज्यादा तनाव में नहीं रहते और गुस्से की स्थितियों में भी सामान्यत: शांत रहते हैं।

- ❖ **गुस्से के कारण:** व्यक्तिगत सीमाओं का उल्लंघन, लंबे समय तक असंतोष या अन्याय इत्यादि।

- ❖ **गुस्से का प्रबंधन:** प्रकार B व्यक्तित्व के लोग गुस्से को बेहतर तरीके से प्रबंधित कर सकते हैं। लेकिन उन्हें कभी-कभी अपनी भावनाओं को अनदेखा करने से बचना चाहिए और इसे स्वस्थ तरीके से व्यक्त करना चाहिए।

- ❖ **C प्रकार का व्यक्तित्व:** प्रकार C व्यक्तित्व के लोग सहनशील, शांत, और संघर्ष से बचने वाले होते हैं। हालांकि ये बाहर से शांत दिखते हैं, लेकिन वे अपनी भावनाओं को अंदर ही दबाए रखते हैं। इस प्रकार के लोग गुस्से को व्यक्त नहीं करते, जिससे वे अंदर ही अंदर तनाव और कुंठा का अनुभव करते हैं, जो अंततः उनके स्वास्थ्य पर नकारात्मक प्रभाव डाल सकता है।

- ❖ **गुस्से के कारण:** भावनाओं का दमन, लोगों को खुश करने की आदत, स्वाभाविक रूप से विवाद से बचना इत्यादि।

- ❖ **गुस्से का प्रबंधन:** प्रकार C व्यक्तित्व वाले लोगों को अपनी भावनाओं को स्वस्थ रूप से व्यक्त करने और विवादों का सामना करने के तरीके सीखने की जरूरत होती है। इन्हें भावनात्मक आत्म-अभिव्यक्ति के लिए संवाद कौशल का विकास करना चाहिए।

❖ **प्रकार D व्यक्तित्व (Type D Personality):** प्रकार D व्यक्तित्व वाले लोग नकारात्मक सोच और सामाजिक अवसाद से पीड़ित होते हैं। ऐसे लोग अक्सर चिंतित रहते हैं और अपनी नकारात्मक भावनाओं को व्यक्त नहीं करते। यह गुस्से और तनाव के स्तर को बढ़ा सकता है, और व्यक्ति अवसाद का शिकार हो सकता है।

- ❖ **गुस्से के कारण:** आत्म-संयम की कमी, अत्यधिक आत्म-संदेह, सामाजिक अलगाव और चिंता इत्यादि।

- ❖ **गुस्से का प्रबंधन:** प्रकार D व्यक्तित्व वाले लोगों को नकारात्मक भावनाओं से निपटने के लिए परामर्श और मनोवैज्ञानिक समर्थन की जरूरत होती है। इन्हें सकारात्मक सोच और आत्म-संयम बढ़ाने के तरीके सिखाए जाने चाहिए।

❖ **संगठित और योजनाबद्ध व्यक्तित्व:** इस प्रकार के व्यक्तित्व वाले लोग व्यवस्थित, जिम्मेदार और अनुशासित होते हैं। ये लोग गुस्से की स्थिति में भी संयमित रहते हैं और मुश्किल हालात में भी अपनी भावनाओं को संतुलित करते हैं।

- ❖ **गुस्से के कारण:** जब चीजें योजना के अनुसार न चलें, अन्य लोगों की लापरवाही या अनियोजित व्यवहार इत्यादि।

❖ **गुस्से का प्रबंधन:** इस प्रकार के व्यक्तित्व वाले लोग आमतौर पर अपने गुस्से को तर्कसंगत तरीके से प्रबंधित कर सकते हैं। उन्हें अपनी अपेक्षाओं में लचीलापन रखने की जरूरत होती है ताकि गुस्सा कम हो सके।

गुस्से का प्रकटीकरण और व्यक्तित्व

गुस्से का प्रकटीकरण (expression) और व्यक्तित्व के प्रकारों का गहरा संबंध होता है। हर व्यक्ति गुस्से को अलग-अलग तरीकों से व्यक्त करता है, जो उनके व्यक्तित्व पर निर्भर करता है:

आक्रामक प्रकटीकरण: टाइप A व्यक्तित्व वाले लोग अक्सर गुस्से को आक्रामक रूप में व्यक्त करते हैं। वे चिल्ला सकते हैं, दूसरों पर हमला कर सकते हैं, या हिंसक हो सकते हैं। यह आक्रामकता शारीरिक या मौखिक हो सकती है।

दमन: टाइप C और टाइप D व्यक्तित्व वाले लोग अक्सर अपने गुस्से को दबाते हैं। वे गुस्से को अंदर ही अंदर छिपाकर रखते हैं और इसे व्यक्त नहीं करते। इससे वे मानसिक और शारीरिक समस्याओं का शिकार हो सकते हैं।

नियंत्रित प्रकटीकरण: टाइप B व्यक्तित्व वाले लोग गुस्से को नियंत्रित तरीके से व्यक्त करते हैं। वे अपनी भावनाओं को समझदारी से व्यक्त करते हैं और दूसरों को समझाने की कोशिश करते हैं, बजाय आक्रामकता के।

गुस्से की तीव्रता और आवृत्ति

गुस्से की तीव्रता और इसकी आवृत्ति व्यक्ति के व्यक्तित्व, अनुभवों, और परिस्थितियों पर निर्भर करती है:-

❖ **संवेदनशीलता का स्तर:** कुछ लोग स्वाभाविक रूप से अधिक संवेदनशील होते हैं और छोटी-छोटी बातों पर भी गुस्सा कर सकते हैं। इसका संबंध उनके बचपन के अनुभवों या आनुवंशिक प्रवृत्तियों से हो सकता है।

❖ **अहंकार और स्वाभिमान:** जिन लोगों का अहंकार या स्वाभिमान अधिक होता है, वे जल्दी गुस्सा कर सकते हैं, खासकर जब उन्हें लगता है कि उनके सम्मान को ठेस पहुंची है।

❖ **अपरिपूर्ण अपेक्षाएं:** जिन लोगों की अपेक्षाएं बहुत अधिक होती हैं और जब वे पूरी नहीं होतीं, तो वे निराश हो जाते हैं और यह निराशा गुस्से में बदल जाती है।

❖ **सामाजिक और सांस्कृतिक प्रभाव:** कुछ संस्कृतियों में गुस्से को ज्यादा व्यक्त करना स्वीकार्य होता है, जबकि कुछ संस्कृतियों में इसे दबाने का प्रयास किया जाता है।

❖ **आत्मनियंत्रण की क्षमता:** जिन लोगों में आत्मनियंत्रण की क्षमता अधिक होती है, वे गुस्से को नियंत्रित कर पाते हैं। वहीं, जिनमें आत्मनियंत्रण की कमी होती है, वे जल्दी गुस्सा कर सकते हैं।

भावनात्मक बुद्धिमत्ता

भावनात्मक बुद्धिमत्ता (Emotional Intelligence - EI) वह क्षमता है जिससे व्यक्ति अपनी और दूसरों की भावनाओं को पहचानता है, उन्हें समझता है, और उन्हें सही तरीके से प्रबंधित करता है। जिन व्यक्तियों में भावनात्मक बुद्धिमत्ता अधिक होती है, वे आमतौर पर गुस्से और अन्य नकारात्मक भावनाओं को बेहतर तरीके से संभाल पाते हैं। उच्च भावनात्मक बुद्धिमत्ता वाले व्यक्तित्व के लोगों में गुस्से के प्रबंधन के निम्न चरण होते हैं:-

❖ **स्व-जागरूकता:** उच्च भावनात्मक बुद्धिमत्ता वाले लोग अपनी भावनाओं को पहचानने और समझने में कुशल होते हैं। वे जानते हैं कि उन्हें कब गुस्सा आ रहा है और वे इसे नियंत्रित करने के लिए सही कदम उठा सकते हैं। यह स्व-जागरूकता उन्हें अपनी प्रतिक्रियाओं पर नियंत्रण रखने और स्थिति को समझदारी से संभालने में मदद करती है।

❖ **भावनाओं का विनियमन:** उच्च भावनात्मक बुद्धिमत्ता वाले व्यक्ति अपनी भावनाओं को नियंत्रित और विनियमित कर सकते हैं। वे गुस्से की तीव्रता को पहचानकर उसे सही दिशा में ले जाते हैं, जैसे कि सकारात्मक संवाद या समस्या-समाधान की ओर ध्यान केंद्रित करना। वे अपनी भावनाओं को अचानक से व्यक्त करने के बजाय उन पर सोच-समझकर प्रतिक्रिया देते हैं।

❖ **सहानुभूति (Empathy):** उच्च भावनात्मक बुद्धिमत्ता वाले व्यक्ति दूसरों की भावनाओं को समझने और उनके दृष्टिकोण से स्थिति को देखने की क्षमता रखते हैं। यह सहानुभूति उन्हें गुस्से की स्थिति में दूसरों की भावनाओं का सम्मान करने और संवेदनशीलता के साथ प्रतिक्रिया देने में मदद करती है। वे गुस्से के बजाय संवाद और सहानुभूति के माध्यम से स्थिति को हल करने की कोशिश करते हैं।

❖ **समस्याओं को हल करने की क्षमता:** ऐसे लोग गुस्से की स्थिति में समस्याओं का समाधान खोजने की ओर ध्यान केंद्रित करते हैं। वे गुस्से को एक रचनात्मक दिशा में मोड़कर किसी भी कठिनाई को हल करने का प्रयास करते हैं। उनके पास धैर्य और संतुलन होता है, जिससे वे गुस्से को नकारात्मक भावनाओं में बदलने से बचा सकते हैं।

❖ **सकारात्मक दृष्टिकोण:** उच्च भावनात्मक बुद्धिमत्ता वाले लोग सकारात्मक दृष्टिकोण अपनाते हैं, जो गुस्से को प्रबंधित करने में मदद करता है। वे चुनौतियों को अवसर के रूप में देखते हैं और भावनाओं को नकारात्मक दिशा में ले जाने के बजाय रचनात्मक समाधान की तलाश करते हैं।

❖ **तनाव प्रबंधन:** गुस्से की स्थिति अक्सर तनाव से उत्पन्न होती है, और उच्च भावनात्मक बुद्धिमत्ता वाले लोग अपने तनाव को बेहतर ढंग से नियंत्रित करते हैं। वे आराम और ध्यान जैसी तकनीकों का अभ्यास करके अपने तनाव को कम करते हैं, जिससे गुस्से की संभावना कम हो जाती है।

व्यक्तित्व और भावनात्मक बुद्धिमत्ता गुस्से के प्रबंधन में महत्वपूर्ण भूमिका निभाते हैं। कुछ व्यक्तित्व प्रकार गुस्से को जल्दी से प्रकट करते हैं, जबकि अन्य इसे दबा कर रखते हैं। वहीं, उच्च भावनात्मक बुद्धिमत्ता वाले लोग अपनी भावनाओं को बेहतर ढंग से समझते और नियंत्रित करते हैं, जिससे वे गुस्से को सकारात्मक दिशा में मोड़ने और स्थिति को शांति से हल करने में सक्षम होते हैं।

***

7
गुस्से का व्यावहारिक प्रबंधन

गुस्सा एक प्राकृतिक भावना है, लेकिन अगर इसे सही ढंग से प्रबंधित नहीं किया जाए, तो यह हमारे जीवन पर नकारात्मक प्रभाव डाल सकता है। इसलिए गुस्से का प्रबंधन करना अत्यंत आवश्यक है। इसमें सोचने के तरीके, व्यवहार, और जीवनशैली में बदलाव शामिल हैं। गुस्से का व्यवहारिक प्रबंधन व्यक्ति की सोच, व्यवहार, और जीवनशैली में बदलाव लाने का एक महत्वपूर्ण तरीका है।गुस्से का प्रबंधन केवल व्यक्ति की मानसिक स्थिति को सुधारने का कार्य नहीं है, बल्कि यह उसके जीवन की गुणवत्ता और सामाजिक संबंधों को बेहतर बनाने का तरीका भी है। थेरपी और काउंसलिंग के विभिन्न प्रकार जैसे CBT, DBT, MBCT, और आर्ट थेरेपी, व्यक्ति को गुस्से की जड़ों तक पहुंचने और उसे स्वस्थ तरीके से प्रबंधित करने में मदद करते हैं। इसके साथ ही समूह चिकित्सा और समर्थन समूह व्यक्ति को मानसिक और सामाजिक समर्थन प्रदान करते हैं।

इन तकनीकों का नियमित अभ्यास व्यक्ति को गुस्से से उत्पन्न नकारात्मक प्रभावों से बचाने में मदद कर सकता है और उसके जीवन की गुणवत्ता को सुधार सकता है।गुस्से को नियंत्रित करने के लिए सबसे महत्वपूर्ण बात यह है कि आप अपनी भावनाओं को पहचानें और उन्हें सही तरीके से व्यक्त करने का तरीका खोजें। उपरोक्त उपायों का अभ्यास नियमित रूप से करने से आप अपने गुस्से को रचनात्मक और सकारात्मक रूप से प्रबंधित कर सकते हैं।

आइए विस्तार से समझते हैं कि कैसे रिलैक्सेशन तकनीक, माइंडफुलनेस, और कॉग्निटिव बिहेवियरल थेरेपी (CBT) जैसी विधियों के माध्यम से गुस्से का व्यवहारिक प्रबंधन किया जा सकता है।

1. रिलैक्सेशन तकनीक

रिलैक्सेशन तकनीकें गुस्से को शांत करने और तनाव को कम करने में मदद करती हैं। ये तकनीकें शरीर और मन को शांति प्रदान करती हैं, जिससे गुस्से की तीव्रता कम हो जाती है। कुछ प्रमुख रिलैक्सेशन तकनीकें निम्नलिखित हैं:-

❖ **गहरी श्वास:** गहरी श्वास गुस्से के समय शरीर को शांत करने का एक सरल और प्रभावी तरीका है। जब आप गुस्से में हों, तो धीमी और गहरी श्वास लें। गुस्सा आने पर तुरंत प्रतिक्रिया देने से पहले, गहरी सांस लें। यह आपकी नसों को शांत करेगा और आपको सोचने का समय देगा। 4-4-4 तकनीक का उपयोग करें: 4 सेकंड तक गहरी सांस लें, 4 सेकंड तक रोके रखें, और फिर 4 सेकंड तक धीरे-धीरे बाहर छोड़ें। इसे करने का तरीका निम्नलिखित है:

- आराम से बैठें या लेट जाएं।
- नाक से धीरे-धीरे श्वास लें, जिससे आपके पेट का हिस्सा फूल जाए।
- श्वास को कुछ सेकंड के लिए रोकें।
- फिर मुंह से धीरे-धीरे श्वास बाहर निकालें।

गहरी श्वास लेने से आपके शरीर को ऑक्सीजन की आपूर्ति बेहतर होती है और तनाव हार्मोन का स्तर कम होता है। इसे नियमित रूप से करने से गुस्से को नियंत्रित करने में मदद मिलती है।

❖ **प्रोग्रेसिव मसल रिलैक्सेशन:** यह तकनीक शरीर के विभिन्न मांसपेशी समूहों को धीरे-धीरे तनावमुक्त करने पर आधारित है। इस विधि में आप अपने शरीर के प्रत्येक मांसपेशी समूह को पहले तनाव में लाते हैं और फिर उसे धीरे-धीरे छोड़ते हैं। इसे करने के लिए:

- आराम से बैठें या लेट जाएं।
- अपने पैरों की मांसपेशियों से शुरू करें और उन्हें 5-10 सेकंड तक तनाव में रखें।
- फिर मांसपेशियों को धीरे-धीरे छोड़ें और तनावमुक्त करें।
- इसी तरह शरीर के अन्य हिस्सों के लिए भी करें, जैसे पेट, हाथ, कंधे, और चेहरे की मांसपेशियां।

यह तकनीक शरीर को शांत करने में मदद करती है और गुस्से के समय मांसपेशियों में उत्पन्न होने वाले तनाव को कम करती है।

❖ **विज़ुअलाइज़ेशन:** विज़ुअलाइज़ेशन तकनीक में आप अपने मन में एक शांत और सुखदायक दृश्य की कल्पना करते हैं। यह आपको गुस्से की स्थिति से बाहर निकालने और आपके मानसिक स्थिति को शांत करने में मदद करती है। इसे करने के लिए:

- एक आरामदायक स्थिति में बैठें।
- अपनी आंखें बंद करें और किसी शांतिपूर्ण जगह की कल्पना करें, जैसे समुद्र किनारा, जंगल, या पहाड़।
- उस जगह की हर छोटी-छोटी चीज की कल्पना करें—हवा की सर्दी, पेड़ों की सरसराहट, पानी की ध्वनि।

इस तरह की विज़ुअलाइज़ेशन तकनीक आपके दिमाग को शांत करती है और गुस्से को नियंत्रित करने में मदद करती है।

❖ **फिजिकल एक्टिविटी:** शारीरिक गतिविधियाँ गुस्से को कम करने का प्रभावी तरीका हो सकती हैं। जब आप गुस्से में हों, तो एक्सरसाइज, योग, या दौड़ने जैसी गतिविधियों से शरीर में ऊर्जा का सकारात्मक रूप से उपयोग किया जा सकता है।

- नियमित व्यायाम भी गुस्से और तनाव को कम करने में मदद करता है।

- जब आप गुस्से में हों, तो टहलने जाएं, दौड़ें, या कुछ समय शारीरिक क्रियाएँ करें।

❖ **सोचने के लिए समय निकालें:** जब आप गुस्से में हों, तुरंत प्रतिक्रिया देने के बजाय खुद को थोड़ा समय दें। इससे आप स्थिति को बेहतर तरीके से समझ सकते हैं और किसी नकारात्मक प्रतिक्रिया से बच सकते हैं।

- कुछ मिनटों का ब्रेक लें और शांत जगह पर जाएँ।

- आप कुछ दूरी बना सकते हैं या टहलने जा सकते हैं ताकि गुस्से का तीव्र असर कम हो जाए।

❖ **हास्य का सहारा लें:** हास्य गुस्से को शांत करने का एक प्रभावी तरीका हो सकता है। जब आप किसी स्थिति को हल्के अंदाज में लेते हैं, तो आप गुस्से से बच सकते हैं।

- स्थिति का हल्का पक्ष देखें और खुद को हंसने की कोशिश करें।

- हालाँकि, ध्यान रखें कि आप व्यंग्यात्मक या कटाक्षपूर्ण तरीके से मज़ाक न करें, क्योंकि इससे स्थिति और बिगड़ सकती है।

❖ **किसी से बात करें:** जब आप गुस्सा महसूस करें, तो किसी से बात करें जो आपकी भावनाओं को समझ सके। कभी-कभी किसी विश्वसनीय व्यक्ति से बात करने से ही मन हल्का हो जाता है और गुस्सा कम हो जाता है।

❖ **तनाव कम करें:** अगर आप रोज़मर्रा की ज़िंदगी में तनाव महसूस कर रहे हैं, तो गुस्सा अधिक आने की संभावना बढ़ जाती है। योग, ध्यान, या किसी भी प्रकार के विश्राम तकनीकों का उपयोग करें जिससे तनाव कम हो और आप गुस्से को नियंत्रित कर सकें।

❖ **रचनात्मक अभिव्यक्ति:** अपने गुस्से को रचनात्मक रूप से व्यक्त करें। लिखने, पेंटिंग करने, या संगीत सुनने जैसे तरीकों का उपयोग करें। यह गुस्से को बाहर निकालने का एक स्वस्थ तरीका हो सकता है।

2. डायलेक्टिकल बिहेवियर थेरेपी

DBT विशेष रूप से उन लोगों के लिए उपयोगी है जो तीव्र गुस्से या भावनात्मक अस्थिरता का अनुभव करते हैं। यह थेरेपी संज्ञानात्मक-व्यवहार थेरेपी के कुछ पहलुओं को आत्म-स्वीकृति, मनम्यता (Mindfulness), और भावना विनियमन (Emotion Regulation) के साथ जोड़ती है। DBT में गुस्से को नियंत्रित करने के प्रमुख कौशल निम्न हैं:

❖ **माइंडफुलनेस:** माइंडफुलनेस एक ऐसी तकनीक है, जिसमें व्यक्ति वर्तमान क्षण पर ध्यान केंद्रित करता है और अपनी भावनाओं, विचारों, और शारीरिक प्रतिक्रियाओं को बिना किसी निर्णय के स्वीकार करता है। यह तकनीक गुस्से को पहचानने, उसे नियंत्रित करने, और उसे रचनात्मक दिशा में बदलने में मदद करती है।

❖ **वर्तमान क्षण में ध्यान केंद्रित करना:** गुस्सा अक्सर तब बढ़ता है जब हम अतीत की किसी घटना के बारे में सोचते हैं या भविष्य की चिंता करते हैं। माइंडफुलनेस में, आप अपने ध्यान को वर्तमान

क्षण पर केंद्रित करते हैं। यह आपको अपने गुस्से को समझने और उस पर प्रतिक्रिया करने का समय देता है, बजाय इसके कि आप अचानक और बिना सोचे-समझे प्रतिक्रिया करें।

❖ **श्वास पर ध्यान देना:** माइंडफुलनेस में श्वास पर ध्यान केंद्रित करना एक महत्वपूर्ण अभ्यास है। जब आप गुस्से में हों, तो अपने श्वास को महसूस करें। श्वास के अंदर और बाहर जाने की प्रक्रिया को ध्यान से देखें। यह आपको शांत करने और गुस्से को नियंत्रित करने में मदद करेगा।

❖ **गैर-निर्णयात्मक दृष्टिकोण:** माइंडफुलनेस का एक प्रमुख तत्व है गैर-निर्णयात्मक दृष्टिकोण। इसका मतलब है कि आप अपने विचारों और भावनाओं को बिना किसी निर्णय के स्वीकार करते हैं। अगर आपको गुस्सा आ रहा है, तो उसे बुरा या अच्छा कहने की बजाय उसे केवल एक भावना के रूप में स्वीकार करें। इस दृष्टिकोण से आप गुस्से को अधिक समझदारी और संतुलन के साथ नियंत्रित कर सकते हैं।

❖ **अपने ट्रिगर पहचानें:** यह जानना ज़रूरी है कि कौन सी चीज़ें या परिस्थितियाँ आपके गुस्से को उकसाती हैं। ट्रिगर पहचानने के बाद आप पहले से ही उनके लिए तैयार रह सकते हैं और बेहतर तरीके से प्रतिक्रिया दे सकते हैं। अपने गुस्से के कारणों पर ध्यान दें और उन स्थितियों से बचने या उन्हें नियंत्रित करने की योजना बनाएं।

❖ **ध्यान और मेडिटेशन:** नियमित ध्यान और मेडिटेशन करने से आप अपनी भावनाओं को नियंत्रित कर सकते हैं और मानसिक शांति प्राप्त कर सकते हैं। यह मानसिक एकाग्रता बढ़ाता है और आपको तुरंत शांत करने में मदद करता है। रोज़ाना कुछ मिनटों के लिए ध्यान का अभ्यास करें। यह आपके मानसिक स्वास्थ्य में

सुधार करता है और गुस्से की भावना को नियंत्रित करने में मदद करता है।

❖ **कृतज्ञता का अभ्यास करें:** कृतज्ञता का अभ्यास करने से मानसिक शांति और सकारात्मकता को बढ़ावा मिलता है। यह आपको छोटी-छोटी बातों पर गुस्सा करने से बचाता है। रोज़ाना उन चीज़ों की सूची बनाएं जिनके लिए आप आभारी हैं। यह अभ्यास आपको मानसिक संतुलन बनाए रखने में मदद करेगा।

❖ **क्षमा और समझदारी:** गुस्सा अक्सर तब आता है जब हम किसी से अधिक अपेक्षाएं रखते हैं या उनके व्यवहार को समझ नहीं पाते। माफ करना और दूसरे की स्थिति को समझने की कोशिश करना गुस्से को कम करने में मदद करता है।

3. संज्ञानात्मक-व्यवहार थेरेपी

CBT एक प्रभावी मनोवैज्ञानिक उपचार है, जिसका उद्देश्य व्यक्ति के विचारों और व्यवहारों को समझना और उन्हें बदलना होता है। गुस्सा आमतौर पर नकारात्मक विचारों और भावनात्मक प्रतिक्रियाओं से उत्पन्न होता है। CBT व्यक्ति को गुस्से के दौरान उत्पन्न नकारात्मक विचारों की पहचान करने और उन्हें बदलने में मदद करता है।

❖ **नकारात्मक सोच की पहचान:** CBT में सबसे पहले व्यक्ति को अपनी नकारात्मक सोच को पहचानने के लिए प्रोत्साहित किया जाता है। गुस्से के दौरान, व्यक्ति अक्सर 'ब्लैक एंड व्हाइट थिंकिंग' (सभी या कुछ नहीं) करता है, जैसे "मेरे साथ हमेशा ऐसा ही होता है" या "कोई भी मेरी परवाह नहीं करता।" इस तरह की सोच गुस्से को बढ़ावा देती है। CBT में, आप इन विचारों की पहचान कर उन्हें चुनौती देने का तरीका सीखते हैं।

- ❖ **सोचने के तरीकों में बदलाव:** कॉग्निटिव रीस्ट्रक्चरिंग में, नकारात्मक और अतार्किक विचारों को तर्कसंगत और सकारात्मक विचारों से बदला जाता है। उदाहरण के लिए, अगर आपको लगता है कि "मेरे सहकर्मी ने जानबूझकर मुझे गुस्सा दिलाने की कोशिश की," तो आप इस विचार को बदलकर सोच सकते हैं, "शायद वह अपने काम में व्यस्त था और उसने ध्यान नहीं दिया।" इस तरीके से आप अपने गुस्से को शांत और नियंत्रित कर सकते हैं।

- ❖ **वैकल्पिक प्रतिक्रिया विकसित करना:** CBT में आप अपने गुस्से की प्रतिक्रिया को बदलने के लिए वैकल्पिक व्यवहार और प्रतिक्रियाओं का अभ्यास करते हैं। उदाहरण के लिए, यदि आप गुस्से में तुरंत प्रतिक्रिया देने के आदी हैं, तो आप गहरी श्वास लेकर या थोड़ी देर के लिए उस स्थिति से दूर जाकर अपने गुस्से को शांत कर सकते हैं। यह तरीका आपको गुस्से की स्थिति में बेहतर निर्णय लेने में मदद करता है।

- ❖ **समस्या-समाधान कौशल:** CBT में समस्या-समाधान कौशल का विकास भी किया जाता है। इसमें व्यक्ति को सिखाया जाता है कि कैसे वह अपनी समस्याओं का समाधान शांति और समझदारी से कर सकता है, बजाय इसके कि वह गुस्से में प्रतिक्रिया करे। समस्या-समाधान कौशल आपको अपने गुस्से को रचनात्मक दिशा में उपयोग करने में मदद करते हैं, जिससे आप अपनी समस्याओं को प्रभावी ढंग से हल कर सकते हैं।

- ❖ **सकारात्मक संवाद करें:** प्रभावी संवाद करना गुस्से को नियंत्रित करने का एक महत्वपूर्ण तरीका है। शांति से अपनी बात को दूसरों

के सामने रखें और सुनने की भी कोशिश करें। दूसरों की बात को ध्यान से सुनें और जवाब देने से पहले सोचें।

❖ **समस्या का समाधान करें:** कई बार गुस्सा तब आता है जब हमें कोई समस्या हल नहीं हो रही होती। समस्या की जड़ को समझें और उसे हल करने के लिए कदम उठाएँ। समस्या का विश्लेषण करें और उसके समाधान पर ध्यान केंद्रित करें, बजाय इसके कि आप गुस्से में प्रतिक्रिया दें। अगर समस्या छोटी हो, तो इसे जाने देना सीखें।

❖ **"मैं" का उपयोग करें:** गुस्से में अक्सर हम दूसरों को दोष देने लगते हैं, जिससे विवाद बढ़ सकता है। इसके बजाय "मैं" वाले वक्तव्यों का इस्तेमाल करें ताकि आप अपनी भावनाओं को व्यक्त कर सकें, बिना सामने वाले पर आक्रमण किए। उदाहरण के लिए, "तुम हमेशा ऐसा करते हो" की बजाय "मुझे ऐसा लगता है कि..." का उपयोग करें।

❖ **अपने विचार बदलें:** गुस्से में हम अक्सर अतिरंजित और तर्कहीन सोचने लगते हैं। अपने नकारात्मक विचारों को पहचानें और उन्हें तर्कसंगत विचारों से बदलें। जैस- "यह बहुत बुरा है" को "यह निराशाजनक है, लेकिन इससे निपट सकता हूँ" से बदलें। तर्कसंगत सोच गुस्से को कम करने में मदद करती है और आपको शांत बनाए रखती है।

❖ **परामर्श लें:** अगर आपको लगातार गुस्सा आता है और आप उसे नियंत्रित नहीं कर पा रहे हैं, तो एक परामर्शदाता या मनोवैज्ञानिक की मदद लें। एंगर मैनेजमेंट थेरपी या कॉग्निटिव बिहेवियरल थेरपी (CBT) से आपको अपनी भावनाओं को नियंत्रित करने में मदद मिल सकती है।

❖ **स्वत: सुझाव:** स्वयं को सकारात्मक और शांत रहने के लिए लगातार सुझाव दें, जैसे "मुझे शांत रहना है," "गुस्सा एक क्षणिक भाव है।" यह आपके गुस्से को नियंत्रित रखने में मदद करता है।

❖ **समझौतापरक दृष्टिकोण अपनाना:** हर स्थिति में अपनी बात मनवाने के बजाय, थोड़ी समझ और सहनशीलता दिखाकर दूसरों के नजरिए को भी समझें। इससे गुस्सा कम होता है।

4. आवश्यकता-आधारित थेरेपी

यह थेरेपी उन स्थितियों पर ध्यान केंद्रित करती है जब व्यक्ति की आवश्यकताएँ या इच्छाएँ पूरी नहीं होतीं, जिससे गुस्सा उत्पन्न होता है। इसके मुख्य बिंदु हैं:

❖ **आवश्यकताओं की पहचान करना:** व्यक्ति को अपनी प्राथमिक और माध्यमिक आवश्यकताओं को पहचानने के लिए प्रशिक्षित किया जाता है। उदाहरण: सम्मान, सुरक्षा, या ध्यान की आवश्यकता।

❖ **संतुलित दृष्टिकोण अपनाना:** अपनी इच्छाओं और आवश्यकताओं को संतुलित तरीके से व्यक्त करना सिखाया जाता है। आक्रामकता के बजाय संवाद और समझौते पर जोर दिया जाता है।

❖ **भावनात्मक आत्म-जागरूकता:** व्यक्ति को यह समझने में मदद की जाती है कि अनपूरी जरूरतें गुस्से को कैसे ट्रिगर करती हैं। इस जागरूकता के माध्यम से प्रतिक्रिया की तीव्रता को कम किया जा सकता है।

5. आर्ट थेरेपी और एक्सप्रेसिव थेरेपी

यह थेरेपी गुस्से को रचनात्मक और सकारात्मक तरीकों से व्यक्त करने पर जोर देती है। इसके मुख्य बिंदु हैं:

❖ **रचनात्मक अभिव्यक्ति:** व्यक्ति अपनी भावनाओं को पेंटिंग, ड्राइंग, लेखन, नृत्य, या संगीत के माध्यम से व्यक्त कर सकता है। यह विधि व्यक्ति को गुस्से की ऊर्जा को सकारात्मक दिशा में मोड़ने में मदद करती है।

❖ **स्वस्थ आउटलेट प्रदान करना:** गुस्से की वजह से उत्पन्न नकारात्मक भावनाओं को हिंसा या तोड़फोड़ के बजाय रचनात्मक कार्यों में बदला जाता है।

❖ **भावनाओं को समझने और व्यक्त करने में मदद:** कला के माध्यम से व्यक्त की गई भावनाएँ व्यक्ति को अपनी आंतरिक स्थिति को समझने में मदद करती हैं। यह तकनीक उन लोगों के लिए विशेष रूप से उपयोगी है जो मौखिक रूप से अपनी भावनाओं को व्यक्त करने में कठिनाई महसूस करते हैं।

6. रेशनल इमोटिव बिहेवियर थेरेपी (REBT)

यह थेरेपी व्यक्ति के तर्कहीन और नकारात्मक विश्वासों को पहचानने और उन्हें तर्कसंगत विचारों में बदलने पर केंद्रित है। इसके मुख्य बिंदु हैं:

❖ **नकारात्मक विश्वासों को पहचानना:** यह समझाया जाता है कि हमारे तर्कहीन विचार गुस्से को बढ़ावा देते हैं। उदाहरण: "मुझे हमेशा सही होना चाहिए" या "लोगों को मेरे अनुसार व्यवहार करना चाहिए।"

❖ **तर्कसंगत सोच का विकास:** व्यक्ति को यह सिखाया जाता है कि कैसे इन नकारात्मक विश्वासों को चुनौती दी जाए और सकारात्मक, तर्कसंगत दृष्टिकोण अपनाया जाए। जैसे: "हर कोई मेरी उम्मीदों पर खरा नहीं उतर सकता, और यह ठीक है।"

❖ **भावनात्मक प्रतिक्रियाओं का प्रबंधन:** नकारात्मक विचारों को बदलने से गुस्से की तीव्रता और आवृत्ति कम हो जाती है। यह तकनीक व्यक्ति को मानसिक और भावनात्मक स्थिरता बनाए रखने में मदद करती है।

❖ **स्वतंत्रता और आत्म-स्वीकृति:** व्यक्ति यह सीखता है कि वह परिस्थितियों पर पूर्ण नियंत्रण नहीं रख सकता, लेकिन अपनी प्रतिक्रियाओं को नियंत्रित कर सकता है। यह आत्म-संतोष और भावनात्मक लचीलापन विकसित करता है।

उपरोक्त दृष्टिकोण गुस्से को समझने और प्रबंधित करने के लिए व्यक्ति को उपकरण और कौशल प्रदान करते हैं, जो उसे जीवन में अधिक संतुलित और शांतिपूर्ण बना सकते हैं।

क्रोध को नियंत्रित करने और रोकने के कुछ अन्य तरीके इस प्रकार हैं:-

➢ **तत्काल तकनीकें**

- 5-10 बार गहरी साँस लें
- स्थिति से दूर हट जाएँ
- प्रतिक्रिया करने से पहले 100 से उल्टी गिनती गिनें या 19 का पहाडा मन में दुहरायें।
- थोड़ी देर टहलें

- ■ प्रगतिशील मांसपेशी विश्राम का अभ्यास करें

➤ **अल्पकालिक रणनीतियाँ**

- ■ ट्रिगर्स की पहचान करें और उनसे बचें
- ■ व्यायाम (योग, जॉगिंग, साइकिल चलाना)
- ■ जर्नलिंग या भावनाओं को लिखना
- ■ किसी विश्वसनीय मित्र या परिवार के सदस्य से बात करें
- ■ शांत संगीत सुनें

➤ **लंबे समय तक -अवधि समाधान**

- ■ माइंडफुलनेस मेडिटेशन
- ■ संज्ञानात्मक-व्यवहार थेरेपी (सीबीटी)
- ■ क्रोध प्रबंधन कक्षाएं
- ■ आत्म-प्रतिबिंब और आत्म-जागरूकता
- ■ सहानुभूति और समझ का निर्माण

➤ **शारीरिक तकनीक**

- ■ स्ट्रेचिंग के माध्यम से तनाव को दूर करें
- ■ एक का उपयोग करें स्ट्रेस बॉल या फ़िडगेट खिलौना
- ■ गर्म पानी से नहाएँ या शॉवर लें
- ■ योग का अभ्यास करें या ताई ची
- ■ पर्याप्त नींद लें

➤ **मानसिक तकनीकें**

- ■ नकारात्मक विचारों को चुनौती दें
- ■ कृतज्ञता का अभ्यास करें
- ■ दृष्टिकोण को फिर से परिभाषित करें

- ■ सकारात्मक आत्म-चर्चा का उपयोग करें
- ■ शांत परिदृश्यों की कल्पना करें

➢ **भावनात्मक बुद्धिमत्ता**

- ■ भावनाओं को पहचानें और स्वीकार करें
- ■ भावनात्मक ट्रिगर्स को समझें
- ■ सहानुभूति विकसित करें
- ■ आत्म-नियमन का अभ्यास करें
- ■ मजबूत रिश्ते बनाएं

➢ **अतिरिक्त सुझाव**

- ■ ज़रूरत पड़ने पर पेशेवर मदद लें
- ■ माफ़ी का अभ्यास करें
- ■ खुद पर हंसना सीखें
- ■ विकास की मानसिकता विकसित करें
- ■ खुद को सकारात्मक प्रभावों से घेरें

याद रखें क्रोध को नियंत्रित करना एक ऐसी प्रक्रिया है जिसमें समय, प्रयास और अभ्यास की आवश्यकता होती है।

***

८

किशोरावस्था में गुस्सा और उसका प्रबंधन

बच्चों और किशोरों में गुस्सा प्रबंधन एक महत्वपूर्ण विषय है, क्योंकि इस उम्र में बच्चों का मानसिक और शारीरिक विकास तेजी से हो रहा होता है, और वे अक्सर अपनी भावनाओं को सही ढंग से व्यक्त करने में कठिनाई का अनुभव करते हैं। बच्चों और किशोरों में गुस्से का सही प्रबंधन उनके मानसिक स्वास्थ्य, भावनात्मक विकास और भविष्य में स्वस्थ व्यक्तित्व के निर्माण के लिए आवश्यक है।

बच्चों और किशोरों में गुस्से के कारण

बच्चों और किशोरों में गुस्से के कई कारण हो सकते हैं, जो उनके जीवन के विभिन्न पहलुओं से जुड़े होते हैं:

❖ **हार्मोनल बदलाव:** किशोरावस्था के दौरान हार्मोनल बदलाव गुस्से और मूड स्विंग्स का कारण बन सकते हैं। यह एक सामान्य प्रक्रिया है, लेकिन इसका प्रभाव तीव्र हो सकता है।

❖ **शारीरिक विकास:** जब बच्चे शारीरिक रूप से बढ़ते हैं, तो वे नए अनुभवों का सामना करते हैं। इन बदलावों को समझने और स्वीकारने में मुश्किल होने पर गुस्सा आ सकता है।

❖ **आत्म-सम्मान:** कम आत्म-सम्मान या आत्म-विश्वास की कमी के कारण बच्चे और किशोर जल्दी गुस्सा हो सकते हैं। उन्हें यह महसूस हो सकता है कि वे दूसरों के मुकाबले कमतर हैं।

- ❖ **निराशा:** यदि बच्चे या किशोर अपने लक्ष्यों को प्राप्त करने में असफल रहते हैं, तो वे निराशा महसूस कर सकते हैं, जिससे गुस्सा उत्पन्न हो सकता है।

- ❖ **सहपाठियों का दबाव:** स्कूल और सामाजिक समूहों में स्वीकार्यता का दबाव बच्चों और किशोरों में गुस्से का कारण बन सकता है। अगर उन्हें लगता है कि वे फिट नहीं हो रहे हैं या उन्हें दूसरों द्वारा तंग किया जा रहा है, तो वे गुस्से में आ सकते हैं।

- ❖ **पारिवारिक तनाव:** परिवार के अंदर हो रहे तनाव, जैसे माता-पिता के बीच झगड़े या वित्तीय समस्याएँ, भी बच्चों और किशोरों के गुस्से का कारण बन सकते हैं।

बच्चों में गुस्से के संकेत

बच्चों में गुस्से के संकेत आमतौर पर विभिन्न प्रकार के व्यवहारिक और शारीरिक लक्षणों में प्रकट होते हैं। इनमें निम्नलिखित शामिल हो सकते हैं:-

- ❖ **चिल्लाना या गुस्से से बोलना:** बच्चे जब गुस्से में होते हैं, तो वे अक्सर तेज़ आवाज़ में चिल्लाते या बात करते हैं।

- ❖ **रोना या शिकायत करना:** बच्चे अपने गुस्से को रोने या लगातार शिकायत करने के माध्यम से भी व्यक्त करते हैं।

- ❖ **आक्रामकता:** कई बच्चे गुस्से में दूसरों पर हमला करने की कोशिश करते हैं, जैसे मारना, धक्का देना, या चीजों को फेंकना।

- ❖ **शारीरिक प्रतिक्रियाएँ:** गुस्से में बच्चों के शरीर में भी परिवर्तन देखने को मिलते हैं, जैसे चेहरे का लाल होना, मुट्ठियाँ बंद करना, या मांसपेशियों में तनाव आना।

❖ **व्यवहार में परिवर्तन:** बच्चे अचानक शांत या उदास भी हो सकते हैं, जब वे अपनी भावनाओं को व्यक्त नहीं कर पाते।

❖ **चीजें तोड़ना या नुकसान पहुँचाना:** गुस्से में कई बार बच्चे खिलौने या अन्य चीजों को तोड़ने लगते हैं, जिससे वे अपनी निराशा व्यक्त करते हैं।

बच्चों में गुस्से के प्रबंधन के तरीके

बच्चों के गुस्से को सही ढंग से समझकर और नियंत्रित करके उन्हें स्वस्थ तरीके से अपनी भावनाओं को व्यक्त करना सिखाया जा सकता है। इसके लिए कुछ प्रभावी तरीकों पर ध्यान दिया जा सकता है:-

❖ **संचार को बढ़ावा देना:** बच्चों को यह सिखाना कि वे अपने गुस्से और अन्य भावनाओं को शब्दों के माध्यम से व्यक्त कर सकते हैं, एक महत्वपूर्ण कदम है। माता-पिता और शिक्षक बच्चों को यह बताने के लिए प्रेरित करें कि वे क्या महसूस कर रहे हैं और क्यों।

❖ **भावनाओं को नाम देना:** बच्चों को यह सिखाना कि उनकी भावनाओं के लिए शब्द होते हैं, जैसे "गुस्सा," "निराशा," या "उदासी," उन्हें अपनी भावनाओं को पहचानने और व्यक्त करने में मदद करता है।

❖ **शांत रहने की तकनीकें:** बच्चों को गहरी सांस लेने की तकनीकें या थोड़ी देर के लिए शांत बैठने की प्रैक्टिस कराई जा सकती है। यह उन्हें गुस्से के समय में अपने आप को नियंत्रित करने में मदद करता है।

❖ **समय-सीमा देना:** जब बच्चा गुस्से में होता है, तो उसे थोड़ी देर के लिए शांत स्थान पर बैठने का समय दिया जा सकता

है, ताकि वह खुद को शांत कर सके और स्थिति पर पुनर्विचार कर सके।

❖ **आकर्षक और रचनात्मक गतिविधियाँ:** रचनात्मक खेल, कला, संगीत, या किसी अन्य गतिविधि में बच्चों को शामिल करने से उनके गुस्से को सही दिशा में मोड़ा जा सकता है। यह उन्हें अपनी ऊर्जा को सकारात्मक ढंग से इस्तेमाल करने का तरीका सिखाता है।

❖ **पुरस्कार और प्रोत्साहन:** बच्चों को सकारात्मक व्यवहार के लिए पुरस्कृत करें और उनकी सराहना करें जब वे अपनी भावनाओं को नियंत्रित करते हैं। इससे बच्चे सही तरीके से प्रतिक्रिया देने के लिए प्रेरित होते हैं।

❖ **मॉडलिंग:** बच्चों के सामने शांत और संयमित रहने का उदाहरण पेश करें। बच्चे बड़ों से ही सीखते हैं, इसलिए माता-पिता और शिक्षक अपने व्यवहार में धैर्य और संयम दिखाएं।

गुस्से को नियंत्रित करने के लिए सहायक गतिविधियाँ

किशोरावस्था एक संक्रमणकालीन अवस्था होती है, जिसमें भावनात्मक अस्थिरता अधिक होती है। इस उम्र में गुस्से को नियंत्रित करने के लिए कुछ विशेष गतिविधियाँ सहायक हो सकती हैं:

➤ **शारीरिक गतिविधियाँ**

❖ **व्यायाम और खेल:** शारीरिक गतिविधियाँ जैसे दौड़ना, साइकिल चलाना, तैरना या किसी खेल में भाग लेना किशोरों के लिए बहुत फायदेमंद होता है। ये गतिविधियाँ तनाव और गुस्से को कम करने में मदद करती हैं, क्योंकि शारीरिक मेहनत

से शरीर में एंडोर्फिन रिलीज होते हैं, जो मूड को बेहतर बनाते हैं।

❖ **योग और ध्यान:** योग और ध्यान किशोरों को आत्म-नियंत्रण और मानसिक शांति की भावना प्रदान करते हैं। यह गुस्से को नियंत्रित करने का एक उत्कृष्ट तरीका है, क्योंकि यह मानसिक ध्यान केंद्रित करता है और आंतरिक शांति प्रदान करता है।

❖ **डांस और मार्शल आर्ट्स:** डांस और मार्शल आर्ट्स जैसी रचनात्मक गतिविधियाँ किशोरों को अनुशासन और शारीरिक ऊर्जा को नियंत्रित करने का तरीका सिखाती हैं। यह उनकी शारीरिक और मानसिक शक्ति को बढ़ाता है और उन्हें अपनी भावनाओं को सकारात्मक रूप से व्यक्त करने का मौका देता है।

➤ **रचनात्मक गतिविधियाँ**

❖ **कला और शिल्प:** कला और शिल्प के माध्यम से किशोर अपने विचारों और भावनाओं को व्यक्त कर सकते हैं। पेंटिंग, ड्राइंग, या शिल्प के अन्य रूप गुस्से को बाहर निकालने का एक रचनात्मक तरीका हो सकते हैं।

❖ **संगीत:** संगीत सुनना या किसी वाद्ययंत्र को बजाना गुस्से को नियंत्रित करने का एक प्रभावी तरीका हो सकता है। किशोर संगीत के माध्यम से अपनी भावनाओं को सही ढंग से व्यक्त कर सकते हैं और मानसिक शांति प्राप्त कर सकते हैं।

❖ **लेखन:** किशोरों को अपनी भावनाओं को एक डायरी में लिखने के लिए प्रोत्साहित किया जा सकता है। लेखन उन्हें

अपने गुस्से को समझने और इसे तर्कसंगत रूप से व्यक्त करने का तरीका सिखाता है।

> ➢ **सामाजिक और भावनात्मक गतिविधियाँ**

- ❖ **समूह चिकित्सा या चर्चा:** समूह चिकित्सा किशोरों को यह महसूस करने में मदद करती है कि वे अकेले नहीं हैं। यह उन्हें अन्य लोगों के अनुभवों से सीखने का मौका देता है और गुस्से के प्रति उनके दृष्टिकोण को बदल सकता है।

- ❖ **स्वयंसेवा:** स्वयंसेवा के माध्यम से किशोरों को दूसरों की मदद करने का अवसर मिलता है, जिससे उनके आत्म-सम्मान में वृद्धि होती है और वे अपने गुस्से को दूसरों के लिए सकारात्मक कार्यों में बदल सकते हैं।

- ❖ **गुस्से के ट्रिगर्स की पहचान:** किशोरों को उनके गुस्से के ट्रिगर्स को पहचानने और उन्हें नियंत्रित करने की तकनीकें सिखाई जा सकती हैं। यह उन्हें अपनी भावनाओं पर नियंत्रण पाने और सही निर्णय लेने में मदद करता है।

> ➢ **आत्म-निरीक्षण और आत्म-जागरूकता**

- ❖ **भावनात्मक जागरूकता:** किशोरों को यह सिखाना कि वे अपनी भावनाओं को पहचानें और समझें, उन्हें अपनी भावनाओं को नियंत्रित करने में मदद करता है। आत्म-निरीक्षण उन्हें अपने गुस्से के कारणों और प्रभावों को समझने का अवसर देता है।

- ❖ **सकारात्मक आत्म-वार्तालाप:** किशोरों को यह सिखाया जा सकता है कि वे गुस्से की स्थिति में अपने आप से सकारात्मक और तर्कसंगत बातें करें, जैसे "मुझे इस पर शांत

रहना चाहिए" या "इससे बेहतर तरीके से निपटा जा सकता है।"

बच्चों और किशोरों में गुस्से का प्रबंधन उनके मानसिक और भावनात्मक विकास के लिए महत्वपूर्ण है। जहां बच्चों को गुस्से को समझनेऔर सही तरीके से व्यक्त करने के लिए सिखाना आवश्यक है, वहीं किशोरों को गुस्से के कारणों और ट्रिगर्स को समझकर उनके प्रबंधन के लिए सही तकनीकों और गतिविधियों से परिचित कराना ज़रूरी है।

माता-पिता और शिक्षकों की भूमिका

माता-पिता और शिक्षकों की भूमिका बच्चों और किशोरों के गुस्से को प्रबंधित करने में महत्वपूर्ण होती है। उन्हें सही मार्गदर्शन और समर्थन प्रदान करके बच्चों को स्वस्थ भावनात्मक विकास की दिशा में ले जाया जा सकता है।

➢ **रोल मॉडल बनें**

❖ **स्वयं के गुस्से का प्रबंधन करें:** माता-पिता और शिक्षक अपने गुस्से को सही तरीके से प्रबंधित करके बच्चों और किशोरों के लिए रोल मॉडल बन सकते हैं। अगर बच्चे देखते हैं कि उनके माता-पिता या शिक्षक गुस्से को शांतिपूर्ण तरीके से संभाल रहे हैं, तो वे भी इस व्यवहार को अपनाने की कोशिश करेंगे।

❖ **अनुशासन में सहानुभूति:** जब बच्चे या किशोर गुस्से में हों, तो अनुशासन का पालन करते समय सहानुभूति का प्रदर्शन करें। उन्हें समझाएं कि गुस्से का प्रभाव क्या हो सकता है और इसे कैसे नियंत्रित किया जा सकता है।

➢ **स्थिरता और स्पष्टता बनाए रखें**

- ❖ **नियमों की स्पष्टता:** बच्चों और किशोरों के लिए स्पष्ट नियम और सीमाएँ निर्धारित करें। जब उन्हें पता होता है कि उनसे क्या अपेक्षित है, तो वे अपने गुस्से को बेहतर तरीके से नियंत्रित कर सकते हैं।

- ❖ **स्थिरता:** बच्चों के साथ व्यवहार करते समय स्थिरता बनाए रखें। अगर वे गुस्से में हैं, तो उन्हें शांत करने के लिए एक ही प्रकार की प्रतिक्रिया दें। इससे वे यह समझेंगे कि गुस्से का प्रबंधन कैसे करना है।

➢ **प्रशंसा और सकारात्मक सुदृढ़ीकरण**

- ❖ **सकारात्मक सुदृढ़ीकरण:** जब बच्चे या किशोर अपने गुस्से को सही तरीके से प्रबंधित करते हैं, तो उनकी प्रशंसा करें। यह उनके आत्म-विश्वास को बढ़ाता है और उन्हें सकारात्मक व्यवहार अपनाने के लिए प्रेरित करता है।

- ❖ **प्रोत्साहन:** बच्चों और किशोरों को उनकी प्रगति के लिए प्रोत्साहित करें। अगर वे गुस्से के प्रबंधन में सुधार कर रहे हैं, तो उन्हें यह बताएं कि आप उनकी प्रगति से खुश हैं और उन्हें इसी तरह प्रयास करने के लिए प्रेरित करें।

बच्चों और किशोरों में गुस्से का प्रबंधन एक संवेदनशील और आवश्यक प्रक्रिया है। यह उनकी भावनात्मक और सामाजिक विकास के लिए महत्वपूर्ण है। माता-पिता, शिक्षक, और अन्य देखभाल करने वालों को बच्चों के गुस्से को सही दिशा में मोड़ने के लिए सक्रिय रूप से प्रयास करना चाहिए। संवाद, सहानुभूति, और सकारात्मक प्रबंधन के माध्यम से बच्चे और किशोर अपने गुस्से को स्वस्थ तरीके से नियंत्रित करना सीख सकते हैं, जिससे वे जीवन में अधिक संतुलित और खुशहाल बन सकते हैं।

९
व्यक्तिगत, पारिवारिक और व्यावसायिक जीवन में गुस्सा

गुस्सा और पारिवारिक संबंध एक महत्वपूर्ण विषय है, क्योंकि पारिवारिक वातावरण में उत्पन्न तनाव और गुस्से का प्रभाव गहरे और दीर्घकालिक हो सकता है। जब परिवार के सदस्य गुस्से का सही प्रबंधन नहीं कर पाते, तो यह आपसी संबंधों को नुकसान पहुंचा सकता है। इस विषय पर चर्चा करने के लिए, हम पारिवारिक तनाव के कारण, गुस्से के समाधान और परिवार में संवाद के महत्व को समझेंगे, ताकि गुस्से का प्रबंधन सही तरीके से किया जा सके।

व्यक्तिगत जीवन में गुस्से का प्रभाव

➤ **परिवारिक रिश्ते**

गुस्से का सबसे अधिक प्रभाव पारिवारिक रिश्तों पर पड़ता है। परिवार के सदस्य एक-दूसरे के साथ दिन-रात बिताते हैं, इसलिए गुस्से की छोटी-छोटी घटनाएं भी रिश्तों पर बड़ा असर डाल सकती हैं।

❖ **विवाह में तनाव:** गुस्सा पति-पत्नी के रिश्ते में तनाव और दूरियों का कारण बन सकता है। जब एक साथी बार-बार गुस्सा करता है, तो दूसरा साथी भावनात्मक रूप से अलग हो सकता है, जिससे आपसी समझदारी और विश्वास में कमी आ सकती है।

❖ **बच्चों पर प्रभाव:** माता-पिता का गुस्सा बच्चों पर गहरा प्रभाव डालता है। यह बच्चों के मानसिक और भावनात्मक विकास को प्रभावित कर सकता है। अगर बच्चे अपने माता-पिता को बार-बार गुस्सा करते देखते हैं, तो वे खुद भी इसी व्यवहार को अपनाने लगते हैं। इसके अलावा, वे भयभीत या असुरक्षित महसूस कर सकते हैं।

❖ **रिश्तेदारों से दूरियाँ:** गुस्से के कारण रिश्तेदारों के साथ भी रिश्ते बिगड़ सकते हैं। यदि किसी पारिवारिक समारोह में गुस्से से भरी प्रतिक्रिया दी जाती है, तो इससे रिश्ते कमजोर हो सकते हैं और आपसी संबंधों में कड़वाहट आ सकती है।

➤ **मित्रता पर प्रभाव**

मित्रता में गुस्से का प्रभाव जटिल हो सकता है। सच्चे मित्र एक-दूसरे की भावनाओं को समझते हैं, लेकिन बार-बार का गुस्सा मित्रता में दरार डाल सकता है।

❖ **आपसी समझ का अभाव:** अगर कोई मित्र लगातार गुस्से में रहता है, तो दूसरे मित्र को यह महसूस हो सकता है कि उसे समझा नहीं जा रहा है। इससे आपसी समझदारी में कमी आ सकती है।

❖ **दूरी का बढ़ना:** गुस्से से भरी हुई प्रतिक्रिया के कारण मित्रता में दूरी बढ़ सकती है। अगर कोई व्यक्ति बार-बार अपने मित्रों पर गुस्सा करता है, तो दूसरे मित्र उससे दूर रहने की कोशिश कर सकते हैं, जिससे दोस्ती में खटास आ सकती है।

➤ **प्रेम संबंधों पर प्रभाव**

गुस्सा प्रेम संबंधों में भी गंभीर समस्या बन सकता है। प्रेम संबंध में विश्वास, सम्मान, और समझदारी की आवश्यकता होती है, और गुस्सा इन सभी चीजों को नष्ट कर सकता है।

❖ **विवाद और तकरार:** गुस्से के कारण प्रेम संबंधों में बार-बार तकरार और विवाद हो सकते हैं। यह संबंध को कमजोर कर सकता है और अलगाव का कारण बन सकता है।

❖ **भावनात्मक दूरी:** गुस्सा प्रेम संबंधों में भावनात्मक दूरी का कारण बन सकता है। जब एक साथी गुस्से में होता है, तो दूसरा साथी असुरक्षित और असहज महसूस कर सकता है, जिससे रिश्ते में भावनात्मक जुड़ाव कम हो सकता है।

पारिवारिक तनाव के कारण और गुस्से का समाधान

➤ **पारिवारिक तनाव के कारण**

❖ **आर्थिक समस्याएँ:** परिवार में आर्थिक तंगी या धन की कमी से तनाव उत्पन्न हो सकता है, जिससे परिवार के सदस्यों के बीच तनाव और गुस्से की स्थितियाँ पैदा हो सकती हैं। बजट, ऋण, और धन के सही प्रबंधन की कमी के कारण पारिवारिक विवाद आम हो जाते हैं।

❖ **भूमिकाओं और जिम्मेदारियों का संघर्ष:** परिवार में प्रत्येक सदस्य की एक निश्चित भूमिका होती है। जब इन भूमिकाओं और जिम्मेदारियों के बीच संतुलन नहीं होता, तो यह संघर्ष का कारण बनता है। जैसे कि घर के कामों का असमान वितरण, माता-पिता की जिम्मेदारियों को लेकर मतभेद, आदि।

❖ **संचार की कमी:** जब परिवार के सदस्य एक-दूसरे से खुलकर संवाद नहीं करते हैं, तो गलतफहमियाँ बढ़ सकती हैं। इससे छोटी-छोटी बातों पर भी गुस्सा उत्पन्न हो सकता है, क्योंकि किसी की भावनाएँ या दृष्टिकोण पूरी तरह से समझा नहीं जा सकता।

❖ **विभिन्न पीढ़ियों के बीच मतभेद:** परिवार में जब बुजुर्गों और युवा पीढ़ियों के बीच दृष्टिकोण और मान्यताओं का टकराव होता है, तो इससे मतभेद और गुस्से की स्थिति बन सकती है। यह अक्सर जीवनशैली, संस्कृति, और मूल्यों में अंतर के कारण होता है।

❖ **व्यक्तिगत मुद्दे:** किसी व्यक्ति के अपने व्यक्तिगत मुद्दे, जैसे काम का तनाव, स्वास्थ्य समस्याएँ, या रिश्तों में असफलता, पारिवारिक गुस्से का कारण बन सकते हैं। ये व्यक्तिगत भावनाएँ अक्सर घर में अन्य लोगों पर निकाली जाती हैं, जिससे पारिवारिक तनाव बढ़ जाता है।

➢ **पारिवारिक गुस्से का समाधान**

❖ **संवाद में पारदर्शिता:** परिवार के सदस्यों के बीच ईमानदार और पारदर्शी संवाद बहुत महत्वपूर्ण है। सभी सदस्यों को अपने विचार, भावनाएँ और समस्याएँ खुलकर व्यक्त करने का अवसर मिलना चाहिए। यह न केवल गलतफहमियों को दूर करता है, बल्कि एक-दूसरे की भावनाओं को समझने में भी मदद करता है।

❖ **समय और ध्यान देना:** परिवार के साथ समय बिताना और एक-दूसरे की जरूरतों को समझना पारिवारिक संबंधों को मजबूत बनाता है। सप्ताह में एक बार साथ में कोई गतिविधि करना, जैसे

खेल खेलना या परिवार के साथ भोजन करना, आपसी संबंधों में निकटता लाता है और गुस्से को कम करता है।

❖ **संयम और धैर्य:** परिवार के सदस्यों को यह समझना चाहिए कि गुस्सा एक अस्थाई भावना है, और इसे अनियंत्रित छोड़ने से नुकसान हो सकता है। संयम और धैर्य के साथ प्रतिक्रिया देना, और तुरंत प्रतिक्रिया देने की बजाय विचारशील होकर जवाब देना, गुस्से को नियंत्रित करने में मदद करता है।

❖ **समस्याओं का शांतिपूर्वक समाधान:** जब परिवार में विवाद होते हैं, तो उन्हें आक्रामक तरीके से हल करने की बजाय शांतिपूर्वक चर्चा और तर्क द्वारा हल करने का प्रयास किया जाना चाहिए। प्रत्येक सदस्य को अपना पक्ष रखने का मौका मिलना चाहिए, और समझौते की दिशा में काम किया जाना चाहिए।

❖ **परिवार में नियम और सीमाएँ तय करना:** परिवार में नियम और सीमाएँ तय करना जरूरी है ताकि हर किसी की जिम्मेदारियाँ स्पष्ट हों। इससे अनावश्यक विवाद और गुस्से की स्थितियों को रोका जा सकता है।

गुस्से को प्रबंधित करने के लिए रणनीतियाँ

➤ **पारिवारिक संवाद के लाभ**

❖ **भावनाओं को साझा करने का अवसर:** खुला और स्वस्थ संवाद परिवार के सदस्यों को अपनी भावनाओं को स्पष्ट रूप से व्यक्त करने का अवसर देता है। जब लोग अपनी भावनाओं को साझा कर पाते हैं, तो वे गुस्से और तनाव से मुक्त महसूस करते हैं।

❖ **समस्या-समाधान कौशल विकसित करना:** पारिवारिक संवाद से समस्याओं को हल करने के लिए नई विचारधाराएँ

और दृष्टिकोण मिलते हैं। इससे हर सदस्य के लिए समस्या का समाधान करने के तरीके खुलते हैं, और गुस्से की स्थिति में तर्कपूर्ण ढंग से समाधान खोजा जा सकता है।

❖ **परिवारिक बंधन मजबूत करना:** संवाद में सुधार से पारिवारिक संबंधों में मजबूती आती है। एक-दूसरे की भावनाओं और जरूरतों को समझने से आपसी सहानुभूति और समर्थन बढ़ता है।

➢ **गुस्से को प्रबंधित करने के लिए पारिवारिक रणनीतियाँ**

❖ **भावनाओं को सही समय पर पहचानना:** जब किसी परिवार के सदस्य को गुस्सा आता है, तो उसे यह सिखाना चाहिए कि वह अपनी भावनाओं को पहचाने और जल्द से जल्द नियंत्रित करे। इसके लिए गहरी सांस लेने की तकनीकें या गुस्से को व्यक्त करने से पहले शांत हो जाने का अभ्यास किया जा सकता है।

❖ **समस्या के समाधान पर ध्यान केंद्रित करना:** गुस्से के दौरान समस्या को बढ़ाने की बजाय, समाधान पर ध्यान केंद्रित करना चाहिए। यह सोचें कि गुस्सा किस कारण से उत्पन्न हुआ और इसे सुधारने के लिए क्या कदम उठाए जा सकते हैं।

❖ **गुस्से को शारीरिक गतिविधियों में बदलना:** गुस्से की ऊर्जा को किसी सकारात्मक गतिविधि, जैसे व्यायाम, खेल, या किसी अन्य शारीरिक गतिविधि में लगाया जा सकता है। यह न केवल तनाव को कम करता है, बल्कि परिवार के अन्य सदस्यों के साथ संबंधों को भी बेहतर बनाता है।

❖ **प्रशंसा और सकारात्मक समर्थन:** जब परिवार के सदस्य अपनी भावनाओं को नियंत्रित करते हैं या सही तरीके से संवाद

करते हैं, तो उनकी प्रशंसा करनी चाहिए। इससे उन्हें और अधिक सकारात्मक व्यवहार दिखाने की प्रेरणा मिलती है।

❖ **गुस्से के लिए 'कूल-ऑफ' समय:** गुस्से की स्थिति में, कुछ देर का 'कूल-ऑफ' समय लेना सहायक हो सकता है। यह परिवार के सदस्यों को खुद को शांत करने और सही तरीके से प्रतिक्रिया देने का मौका देता है। इस अवधि में, सदस्य किसी शांत स्थान पर जा सकते हैं या किसी अन्य गतिविधि में शामिल हो सकते हैं, ताकि वे अपनी भावनाओं को नियंत्रित कर सकें।

❖ **पारिवारिक बैठकें:** नियमित पारिवारिक बैठकें करके परिवार के सदस्य अपनी समस्याओं, गुस्से, और तनाव के मुद्दों पर खुलकर चर्चा कर सकते हैं। ये बैठकें समस्याओं को सामूहिक रूप से हल करने और संवाद को बढ़ाने में मदद करती हैं।

व्यावसायिक जीवन में गुस्से का प्रभाव

➢ **सहकर्मियों के साथ संबंध**

गुस्सा कार्यस्थल पर सहकर्मियों के साथ संबंधों पर नकारात्मक प्रभाव डाल सकता है। एक सहयोगी का गुस्सा पूरे टीम के माहौल को बिगाड़ सकता है और काम की गुणवत्ता पर भी असर डाल सकता है।

❖ **टीमवर्क में बाधा:** अगर कोई व्यक्ति टीम में गुस्से में प्रतिक्रिया देता है, तो इससे टीम के अन्य सदस्यों के बीच असहजता और असमंजस की स्थिति पैदा हो सकती है। इससे टीमवर्क प्रभावित हो सकता है और समूह के लक्ष्य प्राप्ति में बाधा आ सकती है।

- ❖ **विरोधाभास और तनाव:** कार्यस्थल पर गुस्से के कारण सहकर्मियों के बीच तनाव और विरोधाभास पैदा हो सकता है। यह कार्यस्थल के माहौल को नकारात्मक बना सकता है और उत्पादनशीलता को प्रभावित कर सकता है।

➤ **वरिष्ठों और अधीनस्थों के साथ संबंध**

गुस्सा वरिष्ठों और अधीनस्थों के साथ संबंधों को भी प्रभावित कर सकता है। अगर बॉस गुस्से में प्रतिक्रिया देता है, तो इससे अधीनस्थ कर्मचारियों में भय और असुरक्षा की भावना उत्पन्न हो सकती है।

- ❖ **मनोबल में गिरावट:** गुस्से का प्रभाव कर्मचारियों के मनोबल पर भी पड़ सकता है। अगर बॉस अक्सर गुस्से में रहता है, तो कर्मचारी अपने काम में रुचि खो सकते हैं और उनका मनोबल गिर सकता है।

- ❖ **संवाद में बाधा:** गुस्से के कारण संवाद में बाधा उत्पन्न हो सकती है। अगर कोई कर्मचारी गुस्से में है, तो वह अपने विचारों को सही ढंग से प्रस्तुत नहीं कर पाएगा, जिससे गलतफहमियाँ बढ़ सकती हैं।

➤ **ग्राहकों के साथ संबंध**

ग्राहकों के साथ संबंधों में गुस्से का प्रभाव विशेष रूप से नकारात्मक हो सकता है। ग्राहक सेवा में गुस्सा ग्राहकों को नाराज कर सकता है और इससे कंपनी की साख पर भी असर पड़ सकता है।

- ❖ **ग्राहकों की असंतुष्टि:** अगर कोई कर्मचारी गुस्से में ग्राहक से बात करता है, तो ग्राहक असंतुष्ट हो सकता है और भविष्य में उस कंपनी की सेवाएँ लेने से बच सकता है। इससे व्यवसाय को नुकसान हो सकता है।

❖ **वफादारी में कमी:** गुस्से के कारण ग्राहक कंपनी से अपनी वफादारी खो सकते हैं। एक नकारात्मक अनुभव ग्राहकों को प्रतियोगियों के पास जाने के लिए प्रेरित कर सकता है।

गुस्से से सुखद रिश्ते बनाने के उपाय

गुस्से का प्रभाव नकारात्मक हो सकता है, लेकिन इसे सही तरीके से प्रबंधित करके आप व्यक्तिगत और व्यावसायिक दोनों प्रकार के रिश्तों को सुखद और मजबूत बना सकते हैं।

➤ संवाद में सुधार करें

संवाद किसी भी रिश्ते की नींव होता है। गुस्से को प्रबंधित करने के लिए संवाद में सुधार करना आवश्यक है।

❖ **सक्रिय श्रवण:** गुस्से के समय अक्सर लोग सुनने के बजाय प्रतिक्रिया देने पर ध्यान देते हैं। सक्रिय श्रवण का अभ्यास करें, जिससे आप सामने वाले की भावनाओं को बेहतर तरीके से समझ सकें।

❖ **संवेदनशीलता:** जब आप गुस्से में हों, तो अपनी बात को संवेदनशीलता के साथ प्रस्तुत करें। अपनी भावनाओं को शांत और संयमित तरीके से व्यक्त करें, जिससे सामने वाला आपकी बात को समझ सके।

➤ सहानुभूति विकसित करें

सहानुभूति किसी भी रिश्ते को मजबूत करने में महत्वपूर्ण भूमिका निभाती है। गुस्से के समय सहानुभूति का अभ्यास करें।

❖ **दूसरे के दृष्टिकोण को समझें:** जब आप गुस्से में हों, तो यह सोचें कि सामने वाला व्यक्ति क्यों ऐसा कर रहा है। उसकी स्थिति को समझने की कोशिश करें।

❖ **सहानुभूतिपूर्ण प्रतिक्रिया:** अपनी प्रतिक्रिया में सहानुभूति का समावेश करें। इससे रिश्ते में समझदारी बढ़ेगी और गुस्से की तीव्रता कम होगी।

➤ गुस्से का सामना करें

गुस्से का सामना करना और उसे शांतिपूर्ण तरीके से प्रबंधित करना महत्वपूर्ण है।

❖ **देर से प्रतिक्रिया दें:** जब आप गुस्से में हों, तो तुरंत प्रतिक्रिया देने से बचें। कुछ समय लें और फिर शांत दिमाग से प्रतिक्रिया दें।

❖ **ध्यान और योग:** ध्यान और योग जैसे अभ्यास गुस्से को नियंत्रित करने में मदद करते हैं। ये न केवल आपके मानसिक स्वास्थ्य को बेहतर बनाते हैं, बल्कि रिश्तों में भी संतुलन बनाए रखते हैं।

➤ माफी मांगें और माफ करें

गलतियों को स्वीकार करना और माफी मांगना गुस्से को कम करने और रिश्तों को मजबूत करने में मदद करता है।

❖ **माफी की अहमियत:** अगर आपसे कोई गलती हो गई है और आपने गुस्से में कुछ कहा है, तो माफी मांगने में संकोच न करें। यह रिश्तों में विश्वास को बहाल करने में मदद करेगा।

❖ **माफ करने की क्षमता:** अगर कोई व्यक्ति गुस्से में आपके साथ गलत व्यवहार करता है, तो उसे माफ करने की कोशिश करें। माफ करने से रिश्ते में पुनः स्थिरता आ सकती है।

आधुनिक समाज में, गुस्सा एक सामान्य भावना है, लेकिन इसका प्रभाव और प्रबंधन अब पहले की तुलना में अधिक जटिल हो गया है। तेजी से बदलते समय, तकनीकी प्रगति, सामाजिक मानदंडों में परिवर्तन, और मानसिक स्वास्थ्य के प्रति बढ़ती जागरूकता ने गुस्से को एक नई परिप्रेक्ष्य में ला दिया है।

आधुनिक समाज में गुस्से के प्रभाव

➢ **सामाजिक और व्यक्तिगत रिश्ते**

❖ **परिवार में तनाव:** आज के व्यस्त जीवनशैली के कारण परिवार के सदस्यों के बीच कम समय बिताने की प्रवृत्ति बढ़ी है। इससे आपसी समझ में कमी आ सकती है, जो गुस्से को बढ़ा सकती है। छोटे-छोटे मुद्दे परिवार में बड़े विवाद का कारण बन सकते हैं।

❖ **मित्रता पर असर:** सोशल मीडिया और डिजिटल संचार के बढ़ने से मित्रता की गतिशीलता भी बदल गई है। गुस्सा अब सीधे संवाद के बजाय ऑनलाइन प्लेटफार्मों पर व्यक्त किया जा रहा है, जिससे मित्रता में दरार आ सकती है।

➢ **कार्यस्थल पर प्रभाव**

❖ **उत्पादकता में कमी:** कार्यस्थल पर गुस्सा न केवल कर्मचारियों की मानसिक स्थिति को प्रभावित करता है, बल्कि यह टीम की उत्पादकता को भी कम कर सकता है।

गुस्से में किया गया व्यवहार सहकर्मियों के बीच तनाव बढ़ा सकता है।

- ❖ **नेतृत्व में बाधा:** गुस्सा नेताओं की प्रभावशीलता को भी प्रभावित कर सकता है। अगर एक नेता गुस्से में रहता है, तो यह उनकी टीम के सदस्यों को भयभीत कर सकता है और नेतृत्व के प्रति अनास्था पैदा कर सकता है।

- ➢ **मानसिक और शारीरिक स्वास्थय**

- ❖ **तनाव और चिंता:** गुस्सा अक्सर तनाव और चिंता का परिणाम होता है। अगर गुस्से को सही तरीके से प्रबंधित नहीं किया गया, तो यह मानसिक स्वास्थय समस्याओं का कारण बन सकता है, जैसे कि अवसाद या चिंता विकार।

- ❖ **शारीरिक स्वास्थय पर प्रभाव:** गुस्सा उच्च रक्तचाप, हृदय रोग, और अन्य स्वास्थय समस्याओं को जन्म दे सकता है। लंबे समय तक गुस्सा रखने से शरीर पर नकारात्मक प्रभाव पड़ सकता है।

कार्यस्थल पर गुस्से का नियंत्रण

- ➢ **गुस्से के कारण**

  - ▪ अत्यधिक कार्यभार या समय की कमी।

  - ▪ अनुचित व्यवहार या भेदभाव।

  - ▪ खराब नेतृत्व या संचार की कमी।

  - ▪ सहयोगियों के बीच टकराव या प्रतिस्पर्धा।

- ➢ **गुस्से को नियंत्रित करने के तरीके**

- ❖ **व्यावसायिक सीमाओं की पहचान:** कार्यस्थल में गुस्से को पहचानकर उसे व्यक्तिगत भावनाओं से अलग करना

महत्वपूर्ण है। ध्यान दें कि गुस्से का संबंध काम की स्थिति से है, न कि व्यक्तिगत अहंकार से।

❖ **तनाव-प्रबंधन तकनीकें:** तनावपूर्ण परिस्थितियों में गहरी साँसें लेना, ध्यान लगाना, या मानसिक रूप से विश्राम देना कार्यस्थल पर गुस्से को नियंत्रित करने के लिए सहायक हो सकता है।

❖ **सकारात्मक संचार:** कार्यस्थल पर गुस्से का जवाब आक्रामकता से देने की बजाय, एक पेशेवर और शांतिपूर्ण तरीके से संवाद करना चाहिए। अपनी बात रखने का सही तरीका चुनें और समस्या पर ध्यान केंद्रित करें, न कि व्यक्तिगत टकराव पर।

❖ **समय का प्रबंधन:** कई बार अत्यधिक कार्यभार से गुस्सा उत्पन्न होता है। समय प्रबंधन और कार्यों की प्राथमिकता तय करने से तनाव और गुस्से को कम किया जा सकता है।

आधुनिक समाज में गुस्से से निपटने के नए तरीके

➢ **तकनीकी समाधान**

❖ **एप्लिकेशन और ऑनलाइन टूल्स:** आजकल कई एप्लिकेशन और ऑनलाइन टूल्स हैं, जो गुस्से प्रबंधन में मदद कर सकते हैं। ये प्लेटफॉर्म उपयोगकर्ताओं को अपने गुस्से की ट्रैकिंग करने, भावनाओं को व्यक्त करने और ध्यान जैसी तकनीकों का अभ्यास करने की सुविधा प्रदान करते हैं।

❖ **माइंडफुलनेस और ध्यान के लिए ऑनलाइन संसाधन:** यूट्यूब और अन्य प्लेटफार्मों पर माइंडफुलनेस और ध्यान की तकनीकों के कई वीडियो उपलब्ध हैं। ये तकनीकें गुस्से को

नियंत्रित करने में मदद कर सकती हैं और मानसिक शांति को बढ़ावा देती हैं।

➢ **शिक्षा और जागरूकता**

❖ **कार्यशालाएँ और सेमिनार:** गुस्से के प्रबंधन पर कार्यशालाएँ और सेमिनार आयोजित किए जा रहे हैं, जो लोगों को गुस्से के कारणों और उससे निपटने के तरीकों के बारे में शिक्षित करते हैं। ये कार्यक्रम लोगों को अपने गुस्से को समझने और प्रबंधित करने में मदद करते हैं।

❖ **स्कूलों में पाठ्यक्रम:** कई स्कूल अब गुस्से प्रबंधन और भावनात्मक बुद्धिमत्ता पर पाठ्यक्रम शामिल कर रहे हैं। ये बच्चे और किशोरों को अपनी भावनाओं को समझने और प्रबंधित करने के लिए आवश्यक कौशल प्रदान करते हैं।

➢ **स्वस्थ जीवनशैली**

❖ **व्यायाम और शारीरिक गतिविधियाँ:** नियमित व्यायाम गुस्से को नियंत्रित करने में मदद कर सकता है। यह मानसिक स्वास्थ्य को बेहतर बनाता है और तनाव को कम करता है। लोग योग, ध्यान, या अन्य शारीरिक गतिविधियों का अभ्यास कर सकते हैं।

❖ **संतुलित आहार:** स्वस्थ और संतुलित आहार मानसिक स्वास्थ्य में सुधार कर सकता है। कुछ खाद्य पदार्थ, जैसे ओमेगा-3 फैटी एसिड, गुस्से और तनाव को कम करने में मदद कर सकते हैं।

➢ **संवाद और संचार कौशल**

❖ **सकारात्मक संवाद:** खुला और सकारात्मक संवाद गुस्से को नियंत्रित करने में मदद कर सकता है। लोग अपनी

भावनाओं को सही तरीके से व्यक्त करना सीख सकते हैं और दूसरों के दृष्टिकोण को समझ सकते हैं।

❖ **सक्रिय श्रवण:** गुस्से के समय सक्रिय श्रवण का अभ्यास करना महत्वपूर्ण है। इससे व्यक्ति सामने वाले की भावनाओं को समझने में सक्षम हो सकता है और स्थिति को शांतिपूर्ण तरीके से सुलझा सकता है।

आधुनिक समाज में गुस्सा एक जटिल भावना है, जिसका प्रभाव व्यक्तिगत और सामाजिक जीवन पर गहरा होता है। तेजी से बदलते समय के साथ, गुस्से को समझना और प्रबंधित करना आवश्यक है। तकनीकी समाधान, शिक्षा, स्वस्थ जीवनशैली, और संवाद कौशल के माध्यम से गुस्से को सकारात्मक दिशा में मोड़ना संभव है। जब हम गुस्से को समझते हैं और उससे निपटने के तरीके अपनाते हैं, तो हम अपने व्यक्तिगत और सामाजिक रिश्तों को बेहतर बना सकते हैं और मानसिक स्वास्थ्य को बढ़ावा दे सकते हैं।

***

10

गाली

गाली वह अपमानजनक और आक्रामक शब्दावली है, जिसका उपयोग किसी व्यक्ति की भावनाओं, आत्मसम्मान, या सामाजिक स्थिति को ठेस पहुँचाने के लिए किया जाता है। यह केवल शब्दों तक सीमित नहीं है, बल्कि कभी-कभी हिंसक इशारों और व्यवहार में भी व्यक्त होती है। गाली समाज की नैतिकता, संवाद के मानकों, और आपसी आदर को ठेस पहुँचाती है।

गाली देने के विभिन्न कारण हो सकते हैं, और ये कारण व्यक्ति की भावनात्मक स्थिति, सामाजिक संदर्भ, और व्यक्तिगत अनुभवों पर निर्भर करते हैं। गाली केवल शब्दों की अभिव्यक्ति नहीं है, बल्कि यह समाज में नकारात्मकता, हिंसा, और असभ्यता को बढ़ावा देती है। गाली के हर पहलू को विस्तार से समझने और उसे रोकने के उपाय पर गहराई से चर्चा करना आवश्यक है।

गाली की परिभाषा और प्रकृति

"गाली वह अभद्र भाषा, इशारे, या व्यवहार है, जिसका उद्देश्य किसी व्यक्ति, समूह, या समुदाय को अपमानित करना, चोट पहुँचाना, या उसकी गरिमा को ठेस पहुँचाना है"।

➤ **भाषाई गालियाँ:** यह शब्दों और वाक्यांशों के माध्यम से दी जाती हैं।

➤ **शारीरिक गालियाँ:** इसमें हिंसक या अपमानजनक इशारों का उपयोग किया जाता है।

➤ **सांस्कृतिक और क्षेत्रीय गालियाँ:** कई बार गालियों का उपयोग क्षेत्रीय परंपराओं और सांस्कृतिक पृष्ठभूमि पर निर्भर करता है।

गाली के पीछे के कारण

❖ **आंतरिक क्रोध और हताशा:**

- जब व्यक्ति अपनी भावनाओं को सही तरीके से व्यक्त नहीं कर पाता, तो वह गाली का सहारा लेता है।

- क्रोध और निराशा में व्यक्ति अपमानजनक भाषा का उपयोग करता है, जिससे स्थिति और बिगड़ जाती है।

- उदाहरण: घरेलू विवाद में क्रोध के कारण गाली-गलौज आम हो जाता है।

❖ **सामाजिक और सांस्कृतिक प्रभाव:**

- कुछ समाजों में गाली देना सामान्य समझा जाता है। इसे 'मर्दानगी' या 'मजाक' के रूप में स्वीकार किया जाता है।

- बचपन से ही बच्चे अपने परिवार या आसपास के लोगों को गाली देते हुए देखकर इसे सीख जाते हैं।

- उदाहरण: कई क्षेत्रों में गाली को मजाकिया वार्तालाप का हिस्सा मान लिया गया है।

❖ **अपमानजनक मानसिकता:**

- दूसरों को नीचा दिखाने और अपनी श्रेष्ठता स्थापित करने के लिए गाली का उपयोग किया जाता है।

- यह आमतौर पर कार्यस्थल, परिवार, या सामाजिक संघर्षों में देखा जाता है।

❖ **अज्ञानता और अशिक्षा:**

- शिक्षित व्यक्ति सामान्यतः संवाद के सभ्य तरीके अपनाते हैं, जबकि अशिक्षा असभ्यता को बढ़ावा देती है।

- गाली एक बुरी आदत बन जाती है, जो बिना सोचे-समझे प्रयोग की जाती है।

❖ **मजाक और मनोरंजन:**

- दोस्तों और परिचितों के बीच गालियाँ मजाक का हिस्सा बन जाती हैं।

- हालांकि, यह मजाक अक्सर गंभीर विवाद का कारण बन सकता है।

गाली के प्रभाव

❖ **व्यक्तिगत प्रभाव:**

- **मानसिक तनाव:** गाली सुनने वाला व्यक्ति तनाव, अवसाद, और आत्मसम्मान की कमी का अनुभव करता है।

- **आत्मविश्वास पर चोट:** गाली आत्मसम्मान को नष्ट कर सकती है, खासकर यदि यह बार-बार दी जाए।

- **बचपन पर प्रभाव:** बच्चे, जो गालियाँ सुनते हैं, उनमें गुस्से और असभ्य व्यवहार की प्रवृत्ति विकसित हो सकती है।

❖ **सामाजिक प्रभाव:**

- **समाज में कलह:** गालियाँ रिश्तों और समुदायों में दरार डालती हैं।

- **सांप्रदायिक संघर्ष:** जाति, धर्म, या वर्ग आधारित गालियाँ बड़े पैमाने पर संघर्ष का कारण बन सकती हैं।

- ▪ **असभ्य समाज का निर्माण:** गाली-गलौज को स्वीकार करने से समाज में हिंसा और असभ्यता बढ़ती है।

❖ **महिलाओं पर प्रभाव:**

- ▪ **लैंगिक अपमान:** अधिकांश गालियाँ महिलाओं को लक्ष्य बनाती हैं और उनके सम्मान को ठेस पहुँचाती हैं।
- ▪ **यौन हिंसा को बढ़ावा:** गाली में यौन शोषण के संकेत नारी के खिलाफ हिंसा को बढ़ावा देते हैं।
- ▪ **मनोसामाजिक आघात:** महिलाएँ गालियों से अधिक मानसिक और भावनात्मक रूप से प्रभावित होती हैं, जिससे वे असुरक्षित महसूस करती हैं।

गाली के नकारात्मक प्रभावों और इसे कैसे संभालना चाहिए, इसका सबसे प्रेरक उदाहरण भगवान बुद्ध का है।

कथा: गाली का उत्तर शांति से

एक बार, भगवान बुद्ध एक गाँव में अपने अनुयायियों के साथ प्रवचन दे रहे थे। उसी समय, एक व्यक्ति उनके पास आया और गुस्से में गालियाँ देने लगा। बुद्ध शांत और मुस्कुराते रहे।

जब वह व्यक्ति थक गया, तो बुद्ध ने उससे एक प्रश्न किया:

"क्या तुम्हारे घर मेहमान आते हैं?"

वह व्यक्ति बोला, "हाँ, आते हैं।"

बुद्ध ने फिर पूछा, "जब तुम मेहमानों को भोजन परोसते हो और वे उसे अस्वीकार कर देते हैं, तो तुम क्या करते हो?"

वह व्यक्ति बोला, "मैं उसे वापस रख लेता हूँ।"

बुद्ध मुस्कुराए और बोले, "ठीक उसी प्रकार, मैंने तुम्हारी गालियाँ स्वीकार नहीं कीं। अब ये सब तुम्हारे पास ही हैं।"

इस उत्तर ने उस व्यक्ति को गहराई से प्रभावित किया, और उसने बुद्ध से क्षमा मांगी।

सीख:

- गाली को स्वीकार न करके हम इसे अप्रभावी बना सकते हैं।

- शांतिपूर्ण और धैर्यपूर्ण प्रतिक्रिया गाली देने वाले को भी बदल सकती है।

- आत्म-नियंत्रण और सकारात्मक दृष्टिकोण ही नकारात्मकता का सबसे अच्छा उत्तर है।

गाली के सामान्य प्रकार और उनके सांस्कृतिक संदर्भ
माता-पिता पर आधारित गालियाँ:

- भावनात्मक चोट पहुँचाने के लिए उपयोग की जाती हैं।

- समाज में इसे सबसे अपमानजनक माना जाता है।

2. यौन संबंधी गालियाँ:

- विशेष रूप से महिलाओं और कमजोर वर्गों को लक्षित करती हैं।

- यह गालियाँ लैंगिक असमानता और यौन हिंसा का प्रतीक हैं।

3. शारीरिक रूप-रंग पर आधारित गालियाँ:

- मोटा, काला, या अन्य शारीरिक विशेषताओं का मजाक उड़ाने वाली गालियाँ।

- यह आत्मविश्वास को गहरी चोट पहुँचाती हैं।

4. जाति और धर्म आधारित गालियाँ:

- सांप्रदायिकता और सामाजिक भेदभाव को बढ़ावा देती हैं।

- ये गालियाँ बड़े सामाजिक विवादों का कारण बनती हैं।

गाली को रोकने के उपाय

❖ **शिक्षा और जागरूकता:**

- बच्चों को शुरुआती उम्र से ही शिष्टाचार और सभ्यता सिखाएं।

- स्कूलों में नैतिक शिक्षा के माध्यम से सभ्य संवाद को बढ़ावा दें।

- गालियों के नकारात्मक प्रभाव पर समाज में जागरूकता अभियान चलाएं।

❖ **क्रोध प्रबंधन:**

- ध्यान, योग, और आत्म-नियंत्रण के माध्यम से गुस्से को प्रबंधित करना सिखाएं।

- गुस्से की स्थिति में मौन रहने या स्थान बदलने की सलाह दें।

❖ **कानूनी उपाय:**

- गाली-गलौज और अपमानजनक भाषा के खिलाफ कड़े कानून लागू किए जाएं।

- साइबर स्पेस में गालियों और ट्रोलिंग को नियंत्रित करने के लिए सख्त डिजिटल नीतियाँ बनें।

❖ **सांस्कृतिक बदलाव:**

- गाली को "सामान्य" मानने की मानसिकता को बदलें।

- मनोरंजन के साधनों (जैसे फिल्में, टीवी) में गालियों के उपयोग को हतोत्साहित करें।

❖ **परिवार में संस्कार:**

- अभिभावकों को बच्चों के सामने सभ्य भाषा का उपयोग करना चाहिए।

- पारिवारिक माहौल में आदर और सम्मान को बढ़ावा दें।

❖ **आत्म-सशक्तिकरण:**

- विशेष रूप से महिलाओं और कमजोर वर्गों को गाली का सामना करने और उसका विरोध करने के लिए सशक्त बनाएं।
- आत्मरक्षा और संवाद कौशल को बढ़ावा दें।

गाली देना केवल असभ्यता ही नहीं अपितु; यह समाज में हिंसा और असमानता को बढ़ावा देता है। इसे रोकने के लिए हमें व्यक्तिगत, पारिवारिक, और सामूहिक स्तर पर कार्य करना होगा। भगवान बुद्ध का दृष्टांत हमें सिखाता है कि गाली का जवाब शांतिपूर्ण तरीके से देना न केवल खुद को बल्कि दूसरों को भी बदल सकता है। यदि हम संवाद के सकारात्मक और सभ्य तरीकों को अपनाएँ, तो हम एक बेहतर और समरस समाज का निर्माण कर सकते हैं।

***

11

डिजिटल दुनिया और गुस्सा

गुस्सा एक जटिल मनोवैज्ञानिक और भावनात्मक प्रतिक्रिया है जो विभिन्न ट्रिगर्स से उत्पन्न हो सकता है। आधुनिक जीवनशैली में, कई व्यवहार और आदतें हैं जो न केवल मानसिक स्वास्थ्य पर प्रतिकूल प्रभाव डालती हैं, बल्कि गुस्से और तनाव जैसी नकारात्मक भावनाओं को भी ट्रिगर कर सकती हैं। इनमें मोबाइल और सोशल मीडिया का अत्यधिक प्रयोग, जुआ, ऑनलाइन गेमिंग, सट्टा, नशा और पोर्नोग्राफी का उपयोग जैसे व्यवहार प्रमुख रूप से शामिल हैं। ये सभी आदतें व्यक्तित्व और मानसिक संतुलन पर गंभीर प्रभाव डालती हैं, जिससे गुस्सा और चिड़चिड़ापन बढ़ता है।

इन मुद्दों पर विस्तृत चर्चा करते हुए, हम गुस्से को ट्रिगर करने वाले इन विभिन्न कारकों और उनके प्रभावों को समझेंगे।

मोबाइल का प्रयोग और व्यवहार में परिवर्तन

➢ **मोबाइल के अत्यधिक उपयोग के प्रभाव**

- **ध्यान में कमी:** मोबाइल के अत्यधिक उपयोग से ध्यान भंग होता है और व्यक्ति छोटी-छोटी बातों पर अधिक गुस्सा करने लगता है, क्योंकि उसका ध्यान असंतुलित होता है।

- **समाज से अलगाव:** मोबाइल की आदत के कारण व्यक्ति सामाजिक संपर्कों से दूर हो सकता है, जिससे उसे सामाजिक

कौशल में कमी आती है और गुस्से की प्रतिक्रिया बढ़ सकती है।

- **अनिद्रा और थकान:** मोबाइल का रात में अधिक उपयोग नींद को प्रभावित करता है, जिससे व्यक्ति चिड़चिड़ा और गुस्सैल हो सकता है।

❖ **समय और ध्यान की बर्बादी:** मोबाइल और सोशल मीडिया के अत्यधिक उपयोग से ध्यान और समय दोनों का अपव्यय होता है। जब लोग मोबाइल पर लंबा समय बिताते हैं, तो वे वास्तविक जीवन के दायित्वों को नज़रअंदाज कर देते हैं, जिससे तनाव और गुस्सा बढ़ता है।

❖ **सोशल मीडिया पर प्रतिस्पर्धा और तुलना:** सोशल मीडिया प्लेटफॉर्म्स पर अन्य लोगों की "संपूर्ण" जिंदगी को देखकर व्यक्ति अपने जीवन को कमतर महसूस कर सकता है। यह प्रतिस्पर्धात्मक मानसिकता और तुलना करने की आदत व्यक्ति में गुस्सा और असंतोष पैदा करती है।

❖ **फोमो (FOMO - Fear of Missing Out):** सोशल मीडिया पर सक्रिय रहते हुए यह डर बना रहता है कि आप किसी खास घटना, जानकारी या अवसर को मिस कर रहे हैं। यह "FOMO" गुस्से और बेचैनी का कारण बन सकता है, खासकर जब व्यक्ति ऑनलाइन समय का अधिक हिस्सा बर्बाद महसूस करता है।

❖ **डिजिटल थकान:** लगातार स्क्रीन के सामने रहने से मानसिक थकान होती है, जिससे व्यक्ति गुस्सैल, चिड़चिड़ा और असहज हो सकता है। यह थकान व्यक्ति के तनाव स्तर को बढ़ाती है और गुस्से की तीव्रता को बढ़ाती है।

ऑनलाइन गेमिंग, सट्टा और जुआ

❖ **सट्टे के प्रभाव:** सट्टा भी जुए की तरह एक वित्तीय जोखिम से भरी गतिविधि है। जब व्यक्ति सट्टे में पैसे हारता है, तो उसे आर्थिक नुकसान का सामना करना पड़ता है, जिससे गुस्सा और तनाव स्वाभाविक रूप से बढ़ते हैं।

- **गुस्से और निराशा के चक्र:** सट्टे में हारने पर व्यक्ति फिर से पैसे लगाने की कोशिश करता है, और यह निरंतर चक्र उसे मानसिक रूप से थका देता है, जिससे वह गुस्सैल हो जाता है।

❖ **जुआ से उत्पन्न वित्तीय तनाव:** जुआ खेलने से व्यक्ति अक्सर अपने पैसे गंवाता है, जिससे वित्तीय तनाव पैदा होता है। जब व्यक्ति जुआ में बड़ी रकम हारता है, तो वह अपने आप पर, अन्य लोगों पर, और अपनी परिस्थितियों पर गुस्सा करने लगता है।

- **आत्म-नियंत्रण की कमी:** जुआ व्यक्ति को आत्म-नियंत्रण खोने के लिए प्रेरित करता है। जब व्यक्ति खुद पर नियंत्रण नहीं रख पाता और हार का सामना करता है, तो वह गुस्से और निराशा से भर जाता है।

- **सामाजिक अलगाव:** अत्यधिक जुआ खेलने वाले व्यक्ति अक्सर समाज से कट जाते हैं, जिससे अकेलापन और गुस्सा बढ़ता है। परिवार और दोस्तों के साथ संबंध कमजोर हो जाते हैं, जिससे व्यक्ति मानसिक रूप से और अधिक परेशान हो सकता है।

- ❖ **ऑनलाइन गेमिंग के प्रभाव:** ऑनलाइन गेमिंग में अत्यधिक शामिल होने से व्यक्ति में प्रतिस्पर्धात्मक भावना बहुत बढ़ जाती है। यह प्रतिस्पर्धात्मकता:

  - **फ्रस्ट्रेशन:** जब व्यक्ति गेम हारता है या उम्मीद के अनुसार प्रदर्शन नहीं कर पाता, तो वह गुस्से से भर जाता है।

  - **आक्रामकता:** कई गेम हिंसात्मक होते हैं, जो व्यक्ति को आक्रामक बना सकते हैं और गुस्से की भावना को बढ़ावा देते हैं।

  - **आभासी दुनिया और वास्तविकता का अंतर:** गेमिंग की आभासी दुनिया में व्यक्ति अपनी सफलताओं को वास्तविक जीवन में ढूंढने की कोशिश करता है, लेकिन जब उसे वास्तविक जीवन में असफलता मिलती है, तो वह गुस्से और असंतोष से भर जाता है।

- ❖ **नशा और गुस्सा**

  - **नशे के प्रभाव:** नशे की लत मानसिक और शारीरिक दोनों रूपों में हानिकारक होती है।

  - **मानसिक संतुलन:** नशा व्यक्ति के मस्तिष्क में रसायनों के असंतुलन का कारण बनता है, जिससे उसका भावनात्मक संतुलन बिगड़ता है और गुस्सा बढ़ जाता है।

  - **आक्रामकता:** नशा करने वाले व्यक्ति में आक्रामकता की भावना अधिक होती है। नशे की स्थिति में व्यक्ति अपने गुस्से को नियंत्रित करने में सक्षम नहीं होता।

  - **रिश्तों में तनाव:** नशा व्यक्ति के पारिवारिक और सामाजिक संबंधों को कमजोर करता है। पारिवारिक झगड़े और असंतोष बढ़ते हैं, जो गुस्से का प्रमुख कारण बनते हैं।

❖ **गुस्से को ट्रिगर करने वाले नशे के कारक**

- **वापसी के लक्षण:** जब नशा करने वाला व्यक्ति नशे से दूर होता है, तो उसके शरीर में वापसी के लक्षण उत्पन्न होते हैं, जो अत्यधिक चिड़चिड़ापन और गुस्सा पैदा करते हैं।

- **आत्म-नियंत्रण का अभाव:** नशा व्यक्ति के आत्म-नियंत्रण को कम करता है, जिससे वह छोटी-छोटी बातों पर गुस्सा कर सकता है।

पोर्नोग्राफी का लत और गुस्से का ट्रिगर

❖ **मानसिक स्वास्थ्य पर प्रभाव:** पोर्नोग्राफी का अत्यधिक उपयोग मानसिक और भावनात्मक स्वास्थ्य पर नकारात्मक प्रभाव डालता है।

- **तुरंत संतुष्टि की आदत:** पोर्नोग्राफी व्यक्ति को तुरंत संतुष्टि की आदत में डाल देती है। जब वास्तविक जीवन में व्यक्ति अपनी इच्छाओं या जरूरतों की तुरंत पूर्ति नहीं कर पाता, तो वह जल्दी गुस्सा और हताश महसूस कर सकता है।

- **रिश्तों में समस्याएँ:** यह आदत व्यक्ति के व्यक्तिगत और यौन संबंधों में असंतोष पैदा कर सकती है। यौन इच्छाओं की अवास्तविक अपेक्षाएँ व्यक्ति को असंतुष्ट और गुस्सैल बना सकती हैं।

- **डोपामाइन पर निर्भरता:** पोर्नोग्राफी का उपयोग डोपामाइन (एक रासायनिक पदार्थ जो मस्तिष्क में खुशी का अनुभव कराता है) की अत्यधिक जरूरत पैदा कर देता है। जब इसे बार-बार उत्तेजित नहीं किया जाता, तो व्यक्ति चिड़चिड़ा और तनावग्रस्त हो जाता है।

❖ **गुस्से को ट्रिगर करने वाले पहलू**

- **नैतिक संघर्ष:** कुछ लोग पोर्नोग्राफी देखने के बाद आत्मग्लानि या अपराध बोध महसूस कर सकते हैं, जो उनकी मानसिक शांति को भंग करता है और गुस्से को बढ़ाता है।

- **नकारात्मक आत्म-छवि:** यह आदत व्यक्ति की आत्म-छवि को खराब कर सकती है, जिससे वह गुस्से और हताशा से ग्रस्त हो सकता है।

➢ **सकारात्मक मोबाइल उपयोग के तरीके**

❖ **सीमाएँ निर्धारित करना:** मोबाइल के उपयोग का समय निर्धारित करना और विश्राम के समय मोबाइल से दूरी बनाना मानसिक संतुलन बनाए रखने में सहायक हो सकता है।

❖ **सकारात्मक सामग्री देखना:** मोबाइल पर सकारात्मक और शैक्षिक सामग्री देखना, जैसे ध्यान, प्रेरक वीडियो, आदि, से मानसिक शांति प्राप्त की जा सकती है और गुस्से पर नियंत्रण पाया जा सकता है।

❖ **सामाजिक कनेक्शन बढ़ाना:** मोबाइल का उपयोग समाज और परिवार से जुड़ने के लिए किया जा सकता है, जिससे व्यक्ति सामाजिक रूप से सक्रिय रहता है और उसका मानसिक स्वास्थ्य बेहतर रहता है।

आधुनिक युग में पोर्नोग्राफी, मोबाइल, जुआ, ऑनलाइन गेमिंग, सट्टा, और नशा जैसी आदतें व्यक्ति के मानसिक स्वास्थ्य और भावनात्मक स्थिरता को बुरी तरह प्रभावित करती हैं। ये आदतें गुस्से, तनाव, और आक्रामकता को ट्रिगर करने में महत्वपूर्ण भूमिका निभाती हैं। इन समस्याओं से बचने और गुस्से को नियंत्रित करने के लिए

आत्म-नियंत्रण, मानसिक स्वास्थय जागरूकता, और सामाजिक समर्थन की आवश्यकता है।

स्वस्थ दिनचर्या, सकारात्मक संवाद, और मानसिक संतुलन बनाए रखने के प्रयास गुस्से के प्रबंधन में सहायक हो सकते हैं, और इन नकारात्मक आदतों से दूर रहने में भी मददगार हो सकते हैं।

***

12

गुस्से के सांस्कृतिक, धार्मिक और दार्शनिक दृष्टिकोण

गुस्सा एक ऐसी भावना है जो प्राचीन समय से लेकर आधुनिक समाज तक हर संस्कृति और धर्म में महत्वपूर्ण भूमिका निभाती आई है। विभिन्न संस्कृतियों और धार्मिक ग्रंथों में गुस्से की धारणा और उसके प्रबंधन के बारे में अलग-अलग दृष्टिकोण मिलते हैं। आइए इसे विस्तार से समझें:-

➢ **विभिन्न संस्कृतियों में गुस्से की धारणा और प्रबंधन के तरीके**

➢ **भारतीय संस्कृति:** भारतीय संस्कृति में गुस्से को एक नकारात्मक और विनाशकारी भावना माना गया है, लेकिन इसे आत्म-अनुशासन और ध्यान के माध्यम से नियंत्रित करने का महत्व भी बताया गया है। योग और ध्यान की भारतीय परंपराएं गुस्से के प्रबंधन के लिए प्रमुख साधन मानी जाती हैं। भारतीय दर्शन में, गुस्से को एक ऐसा विकार माना गया है जो आत्मा की शांति और स्थिरता को बाधित करता है।

▪ **प्राचीन ग्रंथों में:** महाभारत, रामायण, और उपनिषदों में गुस्से के बारे में विभिन्न कहानियाँ और उपदेश मिलते हैं। भगवान राम और अर्जुन जैसे चरित्रों को अनुकरणीय नियंत्रण और धैर्य के प्रतीक के रूप में देखा गया है। रामायण में लक्ष्मण द्वारा

दिखाया गया गुस्सा एक उदाहरण है, जिसे राम ने धैर्यपूर्वक प्रबंधित किया।

➢ **चीनी संस्कृति:** चीनी दर्शन, विशेषकर कन्फ्यूशियसवाद और ताओवाद, में गुस्से को असंतुलन का प्रतीक माना जाता है। कन्फ्यूशियसवाद में, गुस्से को नियंत्रण में रखना सामाजिक व्यवस्था और नैतिक अनुशासन के लिए आवश्यक माना जाता है। "रिन" या मानवता के सिद्धांत के अंतर्गत, आत्म-नियंत्रण और धैर्य को प्रमुख गुणों के रूप में देखा गया है।

- **ताओवाद में:** गुस्सा "यिन" और "यांग" के बीच असंतुलन के रूप में देखा जाता है। ताओवाद में शांति और संतुलन पर जोर दिया जाता है, और गुस्से को सृजनात्मक ऊर्जा के रूप में बदलने के तरीके सिखाए जाते हैं।

➢ **पश्चिमी संस्कृति:** पश्चिमी संस्कृतियों में गुस्से की धारणा अधिक जटिल रही है। प्राचीन ग्रीक और रोमन समाज में, गुस्से को मानव स्वभाव का हिस्सा माना गया था, लेकिन इसे नियंत्रित करने पर जोर दिया गया। अरस्तू (Aristotle) जैसे दार्शनिकों ने तर्क दिया कि गुस्सा स्वाभाविक है, लेकिन इसे सही समय और सही मात्रा में व्यक्त करना चाहिए।

- **रोमन समाज में:** स्टोइक दर्शन में, गुस्से को एक अवांछनीय भावना के रूप में देखा गया, जिसे तर्कसंगतता और अनुशासन से नियंत्रित करना चाहिए। सेनेका, एक प्रमुख स्टोइक विचारक, ने गुस्से के बारे में लिखा कि यह एक विनाशकारी भावना है जो आत्मा को क्षीण करती है और समाज में अस्थिरता लाती है।

- ➤ **इस्लामी संस्कृति:** इस्लाम में गुस्से को नकारात्मक भावना माना गया है, जिसे संयमित रखना एक धार्मिक और नैतिक कर्तव्य है। इस्लामी शिक्षाओं में गुस्से के दौरान चुप्पी साधने, वज़ू (अभ्यंग), और शांति बनाए रखने पर जोर दिया गया है।

- ■ **हदीस और कुरान:** हदीस में, पैगंबर मोहम्मद ने गुस्से को रोकने और संयम बरतने की सलाह दी है। हदीस में यह कहा गया है कि "सबसे मजबूत वह नहीं है जो कुश्ती में जीतता है, बल्कि वह है जो गुस्से के समय अपने आप को नियंत्रित करता है।"

- ➤ **आफ्रिकी और आदिवासी संस्कृतियां:** आफ्रिकी और आदिवासी संस्कृतियों में गुस्से को समुदाय की भावना से जुड़ा देखा जाता है। कई समाजों में गुस्से को "कबीलाई ज्ञान" या "पूर्वजों की चेतना" से अलग नहीं किया जाता है। इसे एक सामाजिक भावना के रूप में समझा जाता है, जिसे सामुदायिक रीति-रिवाजों, गीतों, और समारोहों के माध्यम से प्रबंधित किया जाता है।

- ➤ **धार्मिक ग्रंथों में गुस्से के प्रति दृष्टिकोण**

- ➤ **हिंदू धर्म:** हिंदू धर्म में गुस्से को नकारात्मकता का स्रोत माना गया है। भगवद गीता में, भगवान श्रीकृष्ण ने अर्जुन को गुस्से को विनाशकारी और आत्म-नाशकारी बताया। गीता में कहा गया है कि गुस्से से भ्रम उत्पन्न होता है, और भ्रम से स्मृति का ह्रास होता है, जिससे बुद्धि का नाश होता है और अंत में व्यक्ति का पतन होता है। **उदाहरण:** महाभारत में दुर्योधन और द्रौपदी का गुस्सा, जो पूरे महाभारत युद्ध का कारण बना, यह

दर्शाता है कि अनियंत्रित गुस्सा किस हद तक विनाशकारी हो सकता है।

- ➤ **बौद्ध धर्म:** बौद्ध धर्म में गुस्से को तीन प्रमुख मानसिक विकारों (लोभ, मोह, और द्वेष) में से एक माना गया है। बौद्ध धर्म में गुस्से का त्याग और मन की शांति प्राप्त करने के लिए ध्यान और करुणा का अभ्यास करने पर जोर दिया गया है। गुस्से को अहिंसा के सिद्धांत के खिलाफ माना गया है।

  धम्मपद में: बुद्ध ने गुस्से को नियंत्रण में रखने और माफ करने की शिक्षा दी है। उनका कहना था कि गुस्से को खत्म करने के लिए करुणा और धैर्य को अपनाना चाहिए।

- ❖ **ईसाई धर्म:** ईसाई धर्म में गुस्से को "सात घातक पापों" (Seven Deadly Sins) में से एक माना गया है। बाइबल में गुस्से को एक ऐसी भावना के रूप में देखा गया है जो आत्मा को भ्रष्ट करती है और सामाजिक और व्यक्तिगत संबंधों को कमजोर करती है।

  उदाहरण: नए नियम (New Testament) में येशु ने गुस्से को त्यागने और क्षमा को अपनाने का उपदेश दिया है। गुस्से के बजाय सहनशीलता और प्रेम की भावना को प्रोत्साहित किया गया है।

- ❖ **इस्लाम:** इस्लामी शिक्षाओं में, गुस्से को नियंत्रित करना एक गुण माना गया है। कुरान और हदीस में कई बार यह बताया गया है कि गुस्से के दौरान संयम बरतना चाहिए। इस्लाम में, यह माना जाता है कि जो व्यक्ति अपने गुस्से को काबू में रखता है, उसे अल्लाह के करीब समझा जाता है।

- ❖ **यहूदी धर्म:** यहूदी धर्म में गुस्से को एक मानवीय अनुभव के रूप में देखा गया है, लेकिन इसे संयम और धैर्य से नियंत्रित करने की आवश्यकता पर जोर दिया गया है। यहूदी ग्रंथों में भी गुस्से का संबंध नैतिक और सामाजिक जिम्मेदारियों से जोड़ा गया है।

विभिन्न दार्शनिक विचार

गुस्से को विभिन्न दार्शनिकों ने अलग-अलग तरीकों से परिभाषित किया है, लेकिन सभी ने इसे नियंत्रित करने की आवश्यकता पर जोर दिया है। बुद्ध ने ध्यान और मानसिक शांति पर जोर दिया, महावीर ने अहिंसा और क्षमाभाव का महत्व बताया, और अरस्तु ने गुस्से के मध्यम मार्ग का सुझाव दिया। महात्मा गांधी ने इसे अहिंसा और प्रेम में परिवर्तित करने का मार्ग दिखाया। इन सभी विचारों से यह स्पष्ट है कि गुस्से को पहचानना, समझना और नियंत्रित करना व्यक्तिगत और सामाजिक विकास के लिए आवश्यक है।गुस्से की समझ और नियंत्रण के लिए दार्शनिक और मनोवैज्ञानिक दृष्टिकोणों में काफी विविधता है। आइए, हम कुछ अन्य प्रमुख दार्शनिकों और मनोवैज्ञानिकों के विचारों का विस्तार से वर्णन करें।

गुस्से को समझने और काबू करने में विभिन्न दार्शनिक विचार गहन दृष्टिकोण प्रदान करते हैं। हर दार्शनिक ने गुस्से की प्रकृति, उसके प्रभाव और उसे नियंत्रित करने के उपायों पर अपनी तरह से रोशनी डाली है। नीचे विस्तार से इन प्रमुख दार्शनिकों के विचारों की चर्चा की गई है:

बुद्ध

- ❖ **बुद्ध का दृष्टिकोण:** बुद्ध ने गुस्से को एक विकार माना, जो व्यक्ति के मन की शांति और आत्मज्ञान की राह में बाधा बनता है। उनके अनुसार, गुस्सा एक तात्कालिक और क्षणिक प्रतिक्रिया है, जो अज्ञानता, लालच, और मोह से उत्पन्न होती है। उन्होंने इसे मन की अशुद्धि और दुख का कारण माना। बुद्ध ने कहा कि गुस्सा एक आग की तरह है, जो सबसे पहले उस व्यक्ति को जलाता है जो गुस्सा करता है।

- ❖ **गुस्से को नियंत्रित करने के उपाय:**

  - ▪ **मेडिटेशन (ध्यान):** बुद्ध ने विपश्यना और समाधि जैसे ध्यान के तरीकों को सुझाया, जिनके द्वारा व्यक्ति अपने मन की शांति को पा सकता है और गुस्से को शांत कर सकता है।

  - ▪ **अहिंसा:** किसी भी स्थिति में शारीरिक या मानसिक हिंसा से बचने पर जोर दिया। जब भी गुस्सा आए, व्यक्ति को संयमित और शांत रहना चाहिए।

  - ▪ **चेतना का विकास:** उन्होंने कहा कि गुस्सा तभी नियंत्रित हो सकता है जब हम 'अनित्य' (Anicca) यानी अस्थिरता को समझते हैं। हर भावना अस्थायी होती है, और गुस्से को पहचानकर उसे जाने देना महत्वपूर्ण है।

महावीर

- ❖ **महावीर का दृष्टिकोण:** महावीर ने जैन धर्म के सिद्धांतों में गुस्से को आत्मा के विकार के रूप में परिभाषित किया। उनके अनुसार, गुस्सा अहिंसा के मार्ग का सबसे बड़ा शत्रु है। अहिंसा के सिद्धांत पर आधारित महावीर का मानना था कि गुस्सा दूसरों को चोट

पहुँचाने का एक तरीका है, जो आत्मिक उन्नति को बाधित करता है।

❖ **गुस्से को नियंत्रित करने के उपाय:**

- **अहिंसा और अपरिग्रह:** महावीर ने कहा कि गुस्से से बचने के लिए व्यक्ति को अहिंसा के मार्ग पर चलना चाहिए और किसी भी तरह की हिंसा से बचना चाहिए। इसके साथ ही, भौतिक वस्तुओं से मोह (अपरिग्रह) को त्यागना चाहिए।

- **क्षमाभाव:** महावीर ने क्षमा को गुस्से का सबसे बड़ा प्रतिरोधक माना। दूसरों की गलतियों को माफ करना, गुस्से को समाप्त करने का सबसे महत्वपूर्ण तरीका है।

- **स्वयं पर नियंत्रण:** महावीर ने आत्म-नियंत्रण (Self-control) पर जोर दिया, जो व्यक्ति को गुस्से की नकारात्मक ऊर्जा से मुक्त कर सकता है।

कोन्फ्यूशियस

❖ **कोन्फ्यूशियस का दृष्टिकोण:** कोन्फ्यूशियस ने गुस्से को एक सामान्य मानवीय भावना माना, लेकिन इसे नियंत्रित रखने की सलाह दी। उन्होंने कहा कि गुस्से की अति व्यक्ति के नैतिक और सामाजिक संबंधों को प्रभावित कर सकती है। उनके अनुसार, आदर्श मानव संबंधों की स्थापना के लिए संतुलित भावना और उचित व्यवहार महत्वपूर्ण हैं।

❖ **गुस्से को नियंत्रित करने के उपाय:**

- **शिक्षा और नैतिकता:** कोन्फ्यूशियस ने कहा कि शिक्षा और नैतिक मूल्यों के अभ्यास से व्यक्ति गुस्से को नियंत्रित कर

सकता है। आत्म-ज्ञान और आत्म-संयम के माध्यम से हम सही और गलत के बीच का अंतर समझ सकते हैं।

- **परिवार और सामाजिक संबंध:** उन्होंने कहा कि सामाजिक जीवन में सामंजस्य बनाए रखना गुस्से को नियंत्रित करने में मदद करता है। सही आचरण और दूसरों के प्रति आदरभाव गुस्से की भावना को कम कर सकते हैं।

- **धैर्य:** कोन्फ्यूशियस के अनुसार, धैर्य रखना गुस्से से बचने का सर्वोत्तम उपाय है। किसी भी चुनौती या कठिनाई का सामना शांतिपूर्ण ढंग से करना चाहिए।

अरस्तु

- ❖ **अरस्तु का दृष्टिकोण:** अरस्तु ने गुस्से को पूरी तरह से नकारात्मक नहीं माना। उनके अनुसार, गुस्सा एक सामान्य भावना है, और इसे सही तरीके से प्रकट करना आवश्यक है। उनका मानना था कि हमें गुस्से को उचित समय पर और सही कारणों से प्रदर्शित करना चाहिए।

- ❖ **गुस्से को नियंत्रित करने के उपाय:**

  - **मध्यम मार्ग** (The Golden Mean): अरस्तु ने गुस्से के लिए 'मध्यम मार्ग' की अवधारणा प्रस्तुत की, जिसमें व्यक्ति को न तो अत्यधिक गुस्सा करना चाहिए, न ही पूरी तरह से उदासीन होना चाहिए। यह दृष्टिकोण व्यक्ति को गुस्से की स्थिति में संतुलित रहने की सलाह देता है।

  - **युक्तियुक्त गुस्सा:** अरस्तु के अनुसार, गुस्सा तब जायज़ है जब वह किसी गलत के खिलाफ हो और उसे नैतिक रूप से सही कारणों से व्यक्त किया जाए।

- **आत्म-संयम:** उन्होंने आत्म-संयम और तर्कसंगतता पर जोर दिया। गुस्से के क्षण में तर्कसंगत ढंग से सोचने की क्षमता विकसित करना महत्वपूर्ण है।

महात्मा गांधी

- ❖ **गांधी का दृष्टिकोण:** महात्मा गांधी ने गुस्से को हिंसा का स्रोत माना, जो किसी भी प्रकार के सकारात्मक परिणामों को बाधित करता है। उनके अनुसार, गुस्से का मुख्य कारण हमारे अंदर की कमजोरी और अज्ञानता है। उन्होंने इसे शांति और अहिंसा के सिद्धांतों के विरुद्ध माना।

- ❖ **गुस्से को नियंत्रित करने के उपाय:**

  - **अहिंसा:** गांधीजी के लिए अहिंसा केवल बाहरी हिंसा का त्याग नहीं था, बल्कि आंतरिक मानसिक शांति और प्रेम का अभ्यास भी था। उन्होंने कहा कि गुस्से की ऊर्जा को प्रेम में परिवर्तित किया जाना चाहिए।

  - **सत्य और धैर्य:** सत्य और धैर्य गांधी के महत्वपूर्ण सिद्धांत थे। उन्होंने कहा कि गुस्से का सामना सत्य और धैर्य के साथ किया जाना चाहिए, क्योंकि इससे ही व्यक्ति सच्ची शांति प्राप्त कर सकता है।

  - **सेवा भाव:** गांधीजी ने कहा कि दूसरों की सेवा करने से गुस्से की भावना समाप्त हो जाती है। सेवा हमें हमारी सीमाओं और कमजोरियों से ऊपर उठने में मदद करती है।

सुकरात

❖ **दृष्टिकोण:** सुकरात का मानना था कि गुस्से का मुख्य कारण अज्ञानता है। यदि व्यक्ति सही ज्ञान प्राप्त कर ले, तो वह गुस्से से बच सकता है। उन्होंने आत्म-जांच और संवाद के माध्यम से गुस्से को समझने और नियंत्रित करने का सुझाव दिया।

❖ **उपाय:** आत्म-जांच करें और अपने विचारों को तर्क के आधार पर परखें। संवाद का उपयोग करके अपनी भावनाओं को स्पष्ट करें। ज्ञान और समझ को बढ़ावा देकर गुस्से से बचने की दिशा में काम करें।

प्लेटो

❖ **दृष्टिकोण:** प्लेटो ने गुस्से को आत्मा की एक शक्तिशाली भावना माना, जो व्यक्ति के न्याय और नैतिकता की भावना से जुड़ी है। उनके अनुसार, गुस्सा तब उत्पन्न होता है जब अन्याय या गलत आचरण के प्रति प्रतिक्रिया होती है।

❖ **उपाय:** तर्कसंगतता और आत्म-नियंत्रण को अपनाएँ। न्याय और नैतिकता के उच्च आदर्शों का पालन करें। अपने गुस्से को सकारात्मक दिशा में उपयोग करें।

नीत्शे

❖ **दृष्टिकोण:** नीत्शे ने गुस्से को एक महत्वपूर्ण भावनात्मक ऊर्जा माना। उन्होंने कहा कि यदि इसे सही दिशा में मोड़ा जाए, तो यह सृजनात्मक शक्ति में परिवर्तित हो सकता है। गुस्सा जीवन की संघर्षशीलता और जीवटता का प्रतीक है।

❖ **उपाय:** गुस्से को सृजनात्मक और रचनात्मक कार्यों में लगाएँ। इसे अपनी व्यक्तिगत और सामाजिक प्रगति का साधन बनाएं। अपनी भावनात्मक ऊर्जा को सकारात्मक उद्देश्यों के लिए उपयोग करें।

डेविड ह्यूम

❖ **दृष्टिकोण:** ह्यूम ने गुस्से को मानव स्वभाव का एक अनिवार्य हिस्सा माना। उनके अनुसार, गुस्सा तब उत्पन्न होता है जब व्यक्ति को किसी अन्याय का अनुभव होता है। उन्होंने कहा कि गुस्सा और खुशी दोनों ही भावनाएँ एक-दूसरे से संबंधित हैं।

❖ **उपाय:** ह्यूम के अनुसार, हमें अपनी भावनाओं को समझना चाहिए और उन्हें नियंत्रित करने के लिए तर्क का सहारा लेना चाहिए। उन्होंने कहा कि गुस्से को काबू करने के लिए बुद्धिमानी से प्रतिक्रिया देना चाहिए, न कि तुरंत प्रतिक्रिया करना चाहिए।

जीन-पॉल सार्त्र

❖ **दृष्टिकोण:** सार्त्र ने अस्तित्ववादी दृष्टिकोण से गुस्से को देखा। उनके अनुसार, गुस्सा हमारे अस्तित्व के साथ जुड़ा हुआ है, और यह हमारी स्वतंत्रता और जिम्मेदारी का संकेत है। गुस्सा तब उत्पन्न होता है जब हम अपनी स्थिति को अस्वीकार करते हैं।

❖ **उपाय:** उन्होंने कहा कि व्यक्ति को अपने गुस्से का सामना करना चाहिए और इसे अपनी स्वतंत्रता का एक हिस्सा मानकर इसका उपयोग सकारात्मक दिशा में करना चाहिए।

हिप्पोक्रेट्स

❖ **दृष्टिकोण:** हिप्पोक्रेट्स, जो चिकित्सा के पिता माने जाते हैं, ने गुस्से को "पीत पित्त" (choler) के संतुलन के रूप में देखा। उनके अनुसार, शरीर में चार प्रकार के द्रव होते हैं, और जब इनका संतुलन बिगड़ता है, तो गुस्सा उत्पन्न होता है।

❖ **उपाय:** उन्होंने संतुलन बनाए रखने के लिए उचित आहार, व्यायाम और जीवनशैली में सुधार की सलाह दी।

सिगमंड फ्रायड

❖ **दृष्टिकोण:** फ्रायड के अनुसार, गुस्सा अचेतन मन (unconscious mind) की भावनाओं का परिणाम होता है। उन्होंने गुस्से को 'इड' (id) से जुड़ा हुआ माना, जो हमारी मूल इच्छाओं और आवेगों का प्रतिनिधित्व करता है।

❖ **उपाय:** फ्रायड ने कहा कि गुस्से को पहचानना और समझना महत्वपूर्ण है। उन्होंने मानसिक विश्लेषण (psychoanalysis) का उपयोग किया, जिसके माध्यम से व्यक्ति अपने अचेतन विचारों और भावनाओं को समझ सकता है।

कार्ल जंग

❖ **दृष्टिकोण:** जंग ने गुस्से को 'छाया' (shadow) के रूप में देखा, जो हमारे व्यक्तित्व का वह हिस्सा है जिसे हम स्वीकार नहीं करते। गुस्सा तब उत्पन्न होता है जब हमारे भीतर की दबी हुई भावनाएँ बाहर निकलती हैं।

❖ **उपाय:** जंग ने कहा कि अपनी छाया को पहचानना और स्वीकार करना आवश्यक है। उन्होंने 'सत्य के प्रति सच्चाई' (integrating the shadow) के माध्यम से गुस्से को नियंत्रित करने का सुझाव दिया।

अब्राहम मास्लो

❖ **दृष्टिकोण:** मास्लो ने गुस्से को मानव आवश्यकताओं से जोड़ा। उनके अनुसार, जब व्यक्ति अपनी मूलभूत आवश्यकताओं (जैसे कि सुरक्षा, संबंध, और सम्मान) को पूरा नहीं कर पाता, तो गुस्सा उत्पन्न होता है।

❖ **उपाय:** उन्होंने व्यक्तिगत विकास और आत्म-साक्षात्कार (self-actualization) पर ध्यान केंद्रित किया। गुस्से को सकारात्मक दिशा में मोड़ने के लिए व्यक्ति को अपनी आवश्यकताओं को पहचानना और पूरा करना चाहिए।

डेनिस डेडे

❖ **दृष्टिकोण:** डेडे ने गुस्से को एक प्रतिक्रिया के रूप में देखा, जो तब उत्पन्न होती है जब व्यक्ति को अस्वीकार या अपमानित किया जाता है। उनका मानना है कि गुस्सा एक प्राकृतिक भावना है, लेकिन इसे नियंत्रित करना जरूरी है।

❖ **उपाय:** उन्होंने गुस्से को स्वस्थ रूप में व्यक्त करने के लिए संवाद और आत्म-नियंत्रण पर जोर दिया। उन्होंने कहा कि भावनाओं को व्यक्त करना और दूसरों के प्रति सहानुभूति विकसित करना आवश्यक है।

सिगमंड फ्रायड (Sigmund Freud)

❖ **दृष्टिकोण:** फ्रायड ने गुस्से को अचेतन (unconscious) भावनाओं की अभिव्यक्ति के रूप में देखा। उनके अनुसार, गुस्सा दबी हुई इच्छाओं और कुंठाओं का परिणाम है। इसे पहचानने और समझने की आवश्यकता होती है।

❖ **उपाय:** मानसिक विश्लेषण (psychoanalysis) का उपयोग करें। अपनी दबी हुई भावनाओं को समझने और उन्हें स्वीकारने का प्रयास करें। - गुस्से को उचित माध्यम से व्यक्त करें।

गुस्से को समझने और नियंत्रित करने के लिए दार्शनिकों और मनोवैज्ञानिकों के विचार हमारे दृष्टिकोण को समृद्ध करते हैं। दार्शनिकों ने गुस्से के नैतिक और अस्तित्ववादी पहलुओं पर ध्यान केंद्रित किया, जबकि मनोवैज्ञानिकों ने इसे मानव मन की गहराइयों से जोड़ा। यह स्पष्ट है कि गुस्से को पहचानना, समझना और उचित रूप से व्यक्त करना न केवल व्यक्तिगत विकास के लिए आवश्यक है, बल्कि यह सामाजिक संबंधों में भी महत्वपूर्ण भूमिका निभाता है। इन विचारों को ध्यान में रखते हुए, हम अपने गुस्से को बेहतर ढंग से नियंत्रित कर सकते हैं और सकारात्मक दिशा में मोड़ सकते हैं।

***

13

प्रेरणादायक कहानियाँ एवं संदर्भ

1. क्रोध और कीलें

एक बार की बात है, एक गाँव में एक छोटा लड़का रहता था जिसे बहुत जल्दी गुस्सा आ जाता था। उसकी इस आदत से सभी परेशान रहते थे। उसके पिता को भी उसके गुस्से से समस्या थी। एक दिन उसके पिता ने उसे एक थैला दिया जिसमें बहुत सारी कीलें थीं। उन्होंने अपने बेटे से कहा, "जब भी तुम्हें गुस्सा आए, तो इस बाड़ (फेंस) पर एक कील ठोक देना।"

लड़के ने यह काम करना शुरू कर दिया। पहले दिन उसने बाड़ में 30 कीलें ठोंकीं, क्योंकि उसे हर छोटी-छोटी बात पर गुस्सा आता था। धीरे-धीरे, हर दिन वह कील ठोकता, लेकिन धीरे-धीरे उसने महसूस किया कि बार-बार कील ठोकना कितना थकाने वाला काम है। उसने अपने गुस्से को नियंत्रित करने की कोशिश शुरू की और धीरे-धीरे बाड़ में कील ठोकने की संख्या कम होती चली गई।

कुछ हफ्तों बाद, लड़के ने देखा कि उसे अब पहले से कम गुस्सा आता है और उसने कील ठोकना बंद कर दिया। वह अपने पिता के पास गया और गर्व से बताया कि अब वह गुस्से को नियंत्रित कर सकता है।

तब उसके पिता ने उससे कहा, "अब जब तुम गुस्से को नियंत्रित करना सीख गए हो, तो हर बार जब तुम गुस्से पर काबू पाओ, एक कील निकाल लेना।" लड़के ने वैसा ही किया और धीरे-धीरे उसने सारी कीलें निकाल दीं।

फिर उसके पिता उसे उस बाड़ के पास ले गए और कहा, "बहुत अच्छा काम किया बेटा, लेकिन अब देखो इस बाड़ को। तुमने सारी कीलें निकाल दी हैं, लेकिन बाड़ पर जो छेद रह गए हैं, उन्हें देखो। गुस्सा भी ऐसा ही होता है। जब तुम गुस्से में होते हो और किसी को चोट पहुँचाते हो, तो बाद में चाहे माफी मांग लो, लेकिन उस व्यक्ति के दिल पर एक निशान हमेशा रह जाता है। इसलिए गुस्से को नियंत्रित करना बहुत जरूरी है।"

- **■ कहानी से शिक्षा:**

यह कहानी हमें सिखाती है कि गुस्सा एक ऐसी भावना है जो दूसरों के दिलों में स्थायी निशान छोड़ सकती है। चाहे हम बाद में अपने व्यवहार के लिए माफी भी मांग लें, लेकिन जो दर्द हमने गुस्से में दिया है, उसे पूरी तरह से मिटाया नहीं जा सकता। इसलिए, गुस्से को नियंत्रित करना और शांतिपूर्ण तरीके से प्रतिक्रिया देना जीवन में बहुत जरूरी है।

***

2. गाली रेत पर और एहसान पत्थर पर

दो घनिष्ठ मित्र एक दिन रेगिस्तान में यात्रा कर रहे थे। सफर लम्बा और कठिन था, और रास्ते में किसी बात पर दोनों के बीच झगड़ा हो गया। एक दोस्त ने गुस्से में आकर दूसरे को थप्पड़ मार दिया। जिसे थप्पड़ मारा गया, वह बहुत आहत हुआ लेकिन बिना कुछ कहे चुपचाप रेत पर लिखा:

"आज मेरे सबसे अच्छे दोस्त ने मुझे थप्पड़ मारा।"

वे दोनों आगे बढ़े। थोड़ी देर बाद वे एक नखलिस्तान पर पहुँचे, जहाँ पानी का एक झरना था। दोनों ने झरने में नहाने और आराम करने का फैसला किया। नहाते समय, जिस दोस्त को थप्पड़ मारा गया था, उसका पैर फिसल गया, और वह डूबने लगा। दूसरा दोस्त तुरंत पानी में कूदा और उसे बचा लिया।

जब वह बचा हुआ दोस्त ठीक हुआ, तो उसने एक बड़े पत्थर पर लिखा:

"आज मेरे सबसे अच्छे दोस्त ने मेरी जान बचाई।"

यह देखकर पहले दोस्त ने पूछा, "जब मैंने तुम्हें थप्पड़ मारा, तो तुमने रेत पर लिखा, और जब मैंने तुम्हारी जान बचाई, तो तुमने पत्थर पर क्यों लिखा?"

दूसरे दोस्त ने मुस्कुराते हुए जवाब दिया: "जब कोई हमें चोट पहुँचाए, तो उसे रेत पर लिखना चाहिए ताकि हवा उसे मिटा दे। लेकिन

जब कोई हमारे साथ भलाई करे, तो उसे पत्थर पर अंकित करना चाहिए ताकि वह कभी न मिटे।"

- **कहानी की सीख:** यह कहानी हमें सिखाती है कि हमें दूसरों की गलतियों को माफ करना और भुला देना चाहिए, जैसे रेत पर लिखी बात को हवा मिटा देती है। वहीं, उनके द्वारा किए गए अच्छे कामों और उपकारों को हमेशा याद रखना चाहिए, जैसे पत्थर पर लिखी बातें अमिट रहती हैं।

दुनिया में अगर सभी इस सीख को अपने जीवन में अपनाएँ, तो संबंध और समाज दोनों अधिक शांतिपूर्ण और खुशहाल बन सकते हैं।

***

3. अंगुलिमाल और बुद्ध

अंगुलिमाल, जिसे उसके क्रूर कर्मों के लिए जाना जाता था, एक भयावह डाकू था। वह लोगों को मारकर उनकी उंगलियों की माला बनाता था और उसे अपने गले में पहनता था। उसका नाम ही उसकी क्रूरता का प्रतीक बन गया था। लोग उससे इतना डरते थे कि उसके इलाके में जाने सेपहले सौ बार सोचते थे।

अंगुलिमाल के जीवन का यह मार्ग उसके भीतर भरे क्रोध, द्वेष, और अज्ञानता का परिणाम था। वह सोचता था कि इस दुनिया में ताकत ही सब कुछ है। उसका मानना था कि दूसरों को नुकसान पहुँचाकर ही वह अपनी पहचान बना सकता है।

एक दिन भगवान बुद्ध उसी मार्ग से गुजरने लगे जहाँ अंगुलिमाल का साम्राज्य था। गाँव वालों ने उन्हें रोका और कहा, "इस रास्ते पर मत जाइए। अंगुलिमाल आपको मार डालेगा।"

बुद्ध मुस्कुराए और बोले, "यदि वह मुझे मार सकता है, तो शायद उसे मेरी मदद की ज़रूरत है।" उन्होंने अपने मन में करुणा भरी और निडर होकर उस रास्ते पर चल पड़े।

अंगुलिमाल ने बुद्ध को देखा और गुस्से में चिल्लाया, "रुक जाओ, मेरे पास आओ!"

बुद्ध ने शांत स्वर में कहा, "मैं रुक गया हूँ, अंगुलिमाल। अब तुम्हें रुकना चाहिए।"

अंगुलिमाल यह सुनकर चकित हो गया। उसने पूछा, "कैसे? तुम तो चल रहे हो, और कहते हो कि रुक गए हो? जबकि मैं खड़ा हूँ, और तुम कहते हो कि मुझे रुकना चाहिए?"

बुद्ध ने उत्तर दिया, "मैंने अपने क्रोध, द्वेष, और हिंसा को रोक दिया है। मैं रुक गया हूँ। लेकिन तुम, जो इन भावनाओं में बह रहे हो, तुम रुक नहीं पाए हो। तुम्हें अपने भीतर की हिंसा को रोकना होगा।"

बुद्ध के शब्दों ने अंगुलिमाल को भीतर तक झकझोर दिया। उसकी क्रूरता का कारण उसकी आंतरिक अशांति थी, और पहली बार किसी ने उसे करुणा और समझ से देखा था। उसने अपनी तलवार फेंक दी और बुद्ध के चरणों में गिर पड़ा।

"मुझे मार्ग दिखाइए, प्रभु," अंगुलिमाल ने कहा। "मैं इस हिंसा से मुक्त होना चाहता हूँ।"

बुद्ध ने उसे अहिंसा और ध्यान का मार्ग दिखाया। अंगुलिमाल ने अपना जीवन बदल दिया। वह एक भिक्षु बन गया और अपने पिछले कर्मों का प्रायश्चित करने के लिए लोगों की सेवा करने लगा। जहाँ पहले वह लोगों को मारता था, वहीं अब वह उनकी मदद करता और शांति का संदेश फैलाता था।

■ **कहानी की सीख:**

1. करुणा का बल: हिंसा और क्रोध का जवाब क्रोध से नहीं, बल्कि करुणा और समझ से दिया जाना चाहिए।

2. परिवर्तन संभव है: कोई भी कितना भी बुरा क्यों न हो, सही मार्गदर्शन और समझ से वह अपने जीवन को बदल सकता है।

3. तोड़ो नहीं, जोड़ो: संबंधों और समाज को तोड़ने के बजाय, जोड़ने का प्रयास करना ही सही मार्ग है।

बुद्ध ने दिखाया कि गुस्से और हिंसा को केवल प्रेम और धैर्य से ही हराया जा सकता है। यदि हम भी "तोड़ो नहीं, जोड़ो" के

सिद्धांत को अपनाएँ, तो अपने जीवन और समाज को बेहतर बना सकते हैं।

***

4. गांधीजी और जूता फेंकने की घटना

एक बार महात्मा गांधी ट्रेन में यात्रा कर रहे थे। जैसे ही ट्रेन चलने लगी, उनका एक जूता नीचे गिर गया और ट्रैक पर रह गया। ट्रेन रुकने का समय नहीं था, और गांधीजी ने बिना देर किए अपना दूसरा जूता भी उतारकर ट्रैक पर फेंक दिया।

साथ बैठे यात्री ने पूछा, "आपने दूसरा जूता क्यों फेंका? अब आपके पास कोई जूता नहीं रहेगा।"

गांधीजी मुस्कुराते हुए बोले, "जिसे मेरा पहला जूता मिलेगा, उसके पास पूरा जोड़ा होना चाहिए। एक जूते का कोई उपयोग नहीं है।"

- **कहानी से शिक्षा:** यह कहानी हमें दिखाती है कि किसी भी स्थिति में दूसरे की भलाई के बारे में सोचना ही सच्चा मानवीय गुण है। गुस्से और असहायता की जगह करुणा और समाधान पर ध्यान दें।

***

5. दो भिक्षु और गुस्से का बोझ

दो भिक्षु एक नदी के किनारे यात्रा कर रहे थे। उन्होंने देखा कि एक महिला नदी पार करने के लिए संघर्ष कर रही थी।

एक भिक्षु ने महिला को अपनी पीठ पर उठाया और नदी पार करवा दी। दूसरा भिक्षु चुप रहा, लेकिन उसके चेहरे पर गुस्सा था। कुछ घंटों बाद, दूसरे भिक्षु ने कहा, "तुमने एक महिला को छुआ, जो हमारे नियमों के खिलाफ है।"

पहला भिक्षु मुस्कुराया और बोला, "मैंने उस महिला को नदी पार करवाने के बाद ही छोड़ दिया था, लेकिन तुम अब भी उसे अपने मन में ढो रहे हो।"

- ### ■ कहानी से शिक्षा:

गुस्से और नकारात्मक भावनाओं को अपने मन में न रखें। उन्हें समय पर छोड़ देना ही शांति का मार्ग है।

***

6. रहीम का दोहा

रहीम ने लिखा है:

"जो रहीम उत्तम प्रकृति, का करी सकत कुसंग।
चंदन विष व्यापत नहीं, लिपटे रहत भुजंग।"

अर्थ:-

जिसका स्वभाव उत्तम और शांतिपूर्ण है, वह कभी दूसरों के बुरे व्यवहार से खराब नहीं होता। जैसे चंदन के वृक्ष पर विषधर सर्प लिपटे रहते हैं, लेकिन चंदन की सुगंध में कोई कमी नहीं आती।

- **शिक्षा:** हमें अपने स्वभाव को इतना धैर्यवान बनाना चाहिए कि गुस्से और बुराई का हम पर प्रभाव न पड़े।

***

7. शांत झील और तूफान

एक गुरु अपने शिष्य के साथ झील के किनारे बैठे थे। गुरु ने शिष्य से कहा, "झील में पत्थर फेंको।"

शिष्य ने पत्थर फेंका, और झील में लहरें उठीं। गुरु ने पूछा, "अब क्या दिख रहा है?"

शिष्य ने कहा, "झील अशांत हो गई है।"

गुरु बोले, "अब प्रतीक्षा करो।"

कुछ समय बाद, झील फिर से शांत हो गई। गुरु ने कहा, "देखो, यह तुम्हारे गुस्से जैसा है। जब तुम्हारे मन में गुस्सा आता है, तो तुम्हारे विचार अशांत हो जाते हैं। लेकिन अगर तुम धैर्य रखो, तो मन अपने आप शांत हो जाएगा।"

- **कहानी से शिक्षा:** गुस्सा अस्थायी होता है। अगर हम धैर्य रखें, तो इसे खुद से नियंत्रित कर सकते हैं।

***

8. शिष्य और गुरु का धैर्य का पाठ

एक शिष्य ने अपने गुरु से पूछा, "गुस्से को कैसे नियंत्रित करूँ?"

गुरु ने उसे एक गिलास पानी दिया और कहा, "इस पानी को तब तक पकड़े रखो जब तक मैं कहूँ।"

कुछ देर बाद शिष्य थक गया और बोला, "मुझे यह भारी लगने लगा है।"

गुरु ने कहा, "गुस्सा भी इसी पानी की तरह है। जितना अधिक समय तक इसे पकड़कर रखोगे, उतना ही यह तुम्हारे लिए बोझ बन जाएगा। इसे जल्दी छोड़ देना ही समझदारी है।"

- **कहानी से शिक्षा:** गुस्से को अपने भीतर न रखें। इसे छोड़ना ही आपके मन और शरीर के लिए सही है।

***